**FRANCE**

BELGIQUE

ALLEMAGNE

eims

LUXEMBOURG

AMPAGNE

• Metz

*LORRAINE*

• Nancy

• Strasbourg

*ALSACE*

*la Seine*

RGOGNE

*FRANCHE COMTÉ*

• Dijon

• Besançon

SUISSE

*RHÔNE ALPES*

• Lyon

• Grenoble

ITALIE

*le Rhône*

*PROVENCE*

• Avignon

Arles •

*CÔTE D'AZUR*

MONACO

• Aix-en-Provence

• Nice

• Cannes

Marseille •

*MER MÉDITERRANÉE*

# Le Ciel 2

Rika Hirashima

Editions ASAHI

┌─────── ル・シエル 2 URL ───────┐
（音声・その他）

https://text.asahipress.com/free/french/leciel2/index.html

└──────────────────────────────┘

装丁ーメディアアート

イラストー Mio Oguma

写真協力ー田島義士（64 ページ）

# まえがき

Le Ciel 2 は Le Ciel 1 の続編です。Le Ciel 1 と同じくフランス語の基本的な文法を確認し、そこにテーマに応じた語彙をプラスしてコミュニケーションを行うためのベースを作り、さらに運用練習を加えて構成されています。

◆ 教科書本体は 12 課＋補足課から構成されています。Le Ciel 1 と同じく各課の文法事項は見開き 2 ページにまとめ、読んで内容がほぼ理解できるように文法説明を加えました。

◆ フランス語学習を進めると文法事項は次第に複雑になりますが、教科書のモデル文とモデル会話、あるいは聴き取りや会話練習にはできる限り日常的な場面を想定し、文法と語彙がフランス語を使うことに活かされるように工夫しました。

◆ 学んだことを具体的な場面につなげて使う練習ができるように、「コミュニケーション練習問題」を別冊の付属練習問題としてつけています。各課の学習内容に応じて、ミニ会話、ディクテーションや聴き取り問題を中心とした運用練習を行えるようになっています。

◆ 教科書の 3 課毎に 4 ページ分の特設コーナーを設けています。総復習にもなるコミュニケーション問題、フランスの文化社会情報に加えて、動詞時制形や補語代名詞のまとめ、シャンソンやフランス語の名言集を紹介しています。

◆ 教科書のモデル文、例文、聴き取り問題、「コミュニケーション問題」の聴き取り問題等の音声は左記の URL の音声サイトから聴くことができます。また、リンクのサイトでは Le Ciel 2 関連のフランス文化情報を紹介しています。


Le Ciel 2 では Le Ciel 1 から引き続き登場する Sophie, Akira, Mika に友人や Akira, Mika の家族が加わって教材の会話や練習問題の中で様々なエピソードが紹介されます。エピソードのストーリー展開を楽しみながらフランス語を学んでください。

教材作成にあたりご協力をいただいた各方面のみなさまにはこの場をお借りして厚くお礼を申し上げます。

著者

# Table des matières

# Leçon 1

## 現在のこと、現在までにしたことを語る

 **MODÈLE 1** 🎧 1-2

Tu ne veux pas aller au cinéma ce soir ?
- Désolé. Je ne peux pas. Je n'ai pas encore fini mon rapport.

 **MODÈLE 2** 🎧 1-3

Je n'ai pas vu Sophie depuis deux mois. Elle a quitté le Japon ?
- Elle revient à Kyoto à la rentrée. Elle est retournée en France pour les vacances de printemps.

 **MODÈLE 3** 🎧 1-4

(le père de Mika)
Il y a longtemps, après le cours de français, nous sommes allés manger dans un restaurant français pas cher avec notre professeur. Nous avons beaucoup parlé et nous nous sommes bien amusés. J'ai toujours gardé un très bon souvenir de ce jour.

1

**①** 直説法現在形  1-5 （直説法現在形の用法については *Le Ciel 1*, leçon 16 参照）

- 現在の習慣、現在継続中・進行中の事柄、普遍的事実（あるいは**格言**）、**実現確実と考えている近い未来**の事柄を表す。
- 一定の動詞については**終わったばかりの行為**を表すこともある

　**ex** Le week-end, Sophie *se lève* vers 10 heures.　　週末ソフィーは 10 時ごろ起きる。

　　　 Je *travaille* dans une supérette depuis 3 mois.　　私はコンビニで 3 か月バイトしている。

　　　 Voir, c'*est* croire.　　百聞は一見に如かず（見ることは信じること）。

　　　 Mika et sa sœur *partent* en voyage dans　　ミカと姉は 2 週間後旅行に出る。
　　　 15 jours.

　　　 Bonjour Madame. Je *viens* pour l'entretien.　　こんにちは。（私は）面接に来ました。

　＊partir, sortir, rentrer, arriver 等も現在形で終わったばかりの行為を表すことがある。
　　 Je rentre tout à l'heure.　　　　　　　　　　　（私は）さっき帰ったところだ。

■ 練習しましょう！ ( Exerçons-nous！)

**1.** 上の例文で使われている動詞の不定詞を調べ、その活用を確認しましょう。

**2.** （　）の主語に換えて文を言い換えましょう。
　　 Le week-end, Sophie *se lève* vers 10 heures.（je, tu）
　　 Je *travaille* dans une supérette depuis 3 mois.（nous, vous）
　　 Mika et sa sœur *partent* en voyage dans 15 jours.（je, elle, vous）

**②** 直説法複合過去形 1-6 （直説法複合過去形の作り方と語順については *Le Ciel 1*, leçon 17 参照）

- 現在完了（完了、経験、結果の状態、継続）と過去の事柄を表すことができる。
- 英語の現在完了と同様に、助動詞（**avoir / être**）の直説法現在形＋過去分詞で作られる。
- 助動詞 avoir：すべての**他動詞**・大部分の**自動詞**
　助動詞 être：**往来**（aller/venir）・**発着**（partir/arriver）・**出入**（sortir/entrer）・**昇降**（monter/descendre）・**生死**（naître/mourir）等、**場所の移動や状態の変化を表す自動詞**と**代名動詞**

● 用法
- **現在までに完了していること**「（すでに）～した・（まだ）～していない」

Tu *as* déjà *fait* ton inscription ?　　（あなたは）もう履修届はすませた？

　- Oui, j'*ai* déjà *fait* mon inscription.　　－うん、もう履修届はすませたよ。

　- Non, je n'*ai* pas encore *fait* mon　　－ううん、まだ履修届はすませてないよ。
　　 inscription.

- **現在までの経験**「これまでに～したことがある・ない」

Vous *êtes* déjà *allé* à Paris ?　　（あなたは）パリに行ったことありますか？

　- Oui, j'y *suis allé* deux fois.（y = à Paris）　　－はい、2 回行きました。

　- Non, je n'y *suis* jamais *allé*.　　－いいえ、一度も行ったことがありません。

- **事柄が起こった（起こらなかった）結果の状態**
  「（〜した結果）…である ／…になっている ／（〜以来）…していない」

Nous pouvons voir Sophie le week-end. Elle *est revenue* à Kyoto depuis trois jours.

週末はソフィーに会えるよ。三日前から京都に戻ってるから。

Mika n'*a* pas *vu* Sophie depuis deux mois.

ミカは 2 か月ソフィーに会っていない。

- **現在まで継続してきた事柄** 「（これまでずっと）〜してきた ／ 〜だった」

J'*ai* toujours *aimé* le cinéma. Jusqu'ici, j'*ai vu* plus de 200 films.

私はずっと映画が好きだった。これまで 200 本以上映画を見ている。

Le père de Mika *a* toujours *gardé* un bon souvenir de l'apprentissage du français.

ミカの父はフランス語の勉強にずっと良い思い出を持ってきた。

\*行為・事柄の継続期間あるいは開始時期を示す場合は直説法現在形が用いられる。

J'habite à Osaka depuis 2001.

私は 2001 年から大阪に住んでいる。

- **過去に起こった（起こらなかった）事柄** 「〜した・〜しなかった」

Samedi soir, je *suis allée* admirer les fleurs de cerisiers avec des amis. À six heures du soir, nous *nous sommes rassemblés* dans un parc connu pour ses cerisiers, nous *avons fait* une petite fête au-dessous d'un cerisier en pleine floraison. Nous *avons passé* un très bon moment.

土曜の夜、私は友人等と花見に行きました。夕方 6 時に（私たちは）桜で有名な公園に集合し、満開の桜の木の下でささやかなパーティーをしました。とてもよい時間を過ごしました。

・練習しましょう！・ Exerçons-nous!

1. 次の複合過去形の動詞の不定詞と意味を確認しましょう（すべて例文に出ている動詞です）。

Tu *as fait* / j'*ai fait* ⇒

Miki n'*a* pas *vu* / j'*ai vu* ⇒

Nous *nous sommes rassemblés* ⇒

Nous *avons passé* ⇒

Le père de Mika *a gardé* ⇒

J'*ai aimé* ⇒

2. 次の文を指示に従って言い換えましょう（1, 2 は例文の中にある文、3 は例文の一部を変えています）。

　　1. Tu as déjà fait ton inscription ? （主語を vous にする）
　　　 - Non, je n'ai pas encore fait mon inscription. （主語を nous にする）

　　2. Mika n'a pas vu Sophie depuis deux mois. （Ça fait 〜 que... を使い書き換える）

　　3. Nous nous sommes rassemblés dans un parc. （否定文に書き換え日本語に訳す）

**1** 日本語の意味に合う動詞をリストから選び、適切な形に活用させて ........ に入れましょう。

1. Nous ................... dans une société d'assurance depuis 2015.
   私たちは 2015 年から保険会社に勤務している。

2. Tu ........................................ à ta mère ? Elle s'inquiète pour toi.
   　　　　（pas encore を使う）
   まだお母さんに電話してないの？（あなたのことを）心配してるよ。

3. Mika ........................ le 15 novembre.
   ミカは 11 月 15 日生まれだ。

4. Je ............................... dans ma ville natale depuis mon entrée à l'université.
   大学入学以来、生まれ故郷の町には戻っていない。

5. Michel ................... le bureau à 19 heures et ................... vers un bistrot.
   ミシェルは 19 時に職場を後にして、あるビストロに向かった。

> *se diriger, téléphoner, naître, travailler, quitter, revenir*

**2** 直説法現在形の文を複合過去形に書き換え、日本語に訳しましょう。

1. Je travaille dans une supérette de 18 heures à 22 heures.

   ..................................................................................................

2. Vous faites un stage de français ?

   ..................................................................................................

3. Ce week-end, Sophie se lève vers 10 heures.

   ..................................................................................................

4. Tu prends le train ou le car pour aller à Tokyo ?

   ..................................................................................................

5. Mika et sa sœur partent en voyage ce matin.

   ..................................................................................................

**3** ソフィーに関する文章を読んで質問に答えましょう。

Dimanche dernier, Sophie est partie pour le Japon depuis Roissy. L'avion a atterri à l'aéroport du Kansai lundi matin. Ensuite, elle a pris le train et est arrivée à la gare de Kyoto dans l'après-midi.

1. 文中の時の表現（曜日や時間帯の表記）に下線を引き、それぞれの意味を確認しましょう。

2. それぞれの時間にソフィーがしたこと（あるいはその時に起こった事柄）をまとめましょう。関係する動詞の活用部分は抜き出し不定詞も確認しましょう。

# Leçon 2

現在と過去を対比する、過去の出来事と状況を語る

**MODÈLE** 1 🎧 1-7

Quand il était petit, Akira adorait les dessins animés. Le vendredi soir, il regardait toujours son dessin animé préféré à la télé.

**MODÈLE** 2 🎧 1-8

En 2016, Sophie habitait à Nice en France. Elle habite maintenant à Kyoto au Japon.

**MODÈLE** 3 🎧 1-9

Dimanche après-midi, j'ai fait les courses à Kyoto avec des amis. Il faisait beau et il y avait beaucoup de monde.

**MODÈLE** 4 🎧 1-10

Nous avons marché longtemps pour notre shopping. Comme nous étions fatigués, nous sommes allés dans un café et nous avons bu des boissons fraîches. Nous avons beaucoup bavardé. C'était sympathique. Nous avons passé un très bon dimanche.

## **I** 直説法半過去形 🎧 1-11

· 現在と対比される「**過去の事柄**」を表す

● **作り方**
· 直説法現在形の **nous** の活用形から **-ons** をのぞいた部分
＋人称毎の活用語尾（**-ais** [ɛ], **-ais** [ɛ], **-ait** [ɛ], **-ions** [jɔ̃], **-iez** [je], **-aient** [ɛ]）で作る。

（ex） nous *av*ons, nous *parl*ons, nous *aim*ons, nous *all*ons, nous *ven*ons,
nous *part*ons, nous *fais*ons, nous *pren*ons

例外：être：*ét-*　（nous sommes）

|  | **parler** |  | **avoir** |  | **aller** |  | **manger** |  | **être** |
|---|---|---|---|---|---|---|---|---|---|
| je | **parl**ais | j' | **av**ais | j' | **all**ais | je | **mang**eais | j' | **ét**ais |
| tu | **parl**ais | tu | **av**ais | tu | **all**ais | tu | **mang**eais | tu | **ét**ais |
| il | **parl**ait | il | **av**ait | il | **all**ait | il | **mang**eait | il | **ét**ait |
| nous | **parl**ions | nous | **av**ions | nous | **all**ions | nous | **mang**ions | nous | **ét**ions |
| vous | **parl**iez | vous | **av**iez | vous | **all**iez | vous | **mang**iez | vous | **ét**iez |
| ils | **parl**aient | ils | **av**aient | ils | **all**aient | ils | **mang**eaient | ils | **ét**aient |

＊manger のように -ger で終わる第一群規則動詞は、-g- を [ʒ] と発音するために -g- と活用語尾 *-ais*,
*-ait*, *-aient* の前に -e- をはさむ（-g- と -a- がつながると -g- は [g] と発音される）。

● **用法**
· 現在と対比される**過去時の習慣、状態**を表す

| Quand il *était* petit, Akira *adorait* les dessins animés. | 小さい頃、アキラはアニメが大好きだった。 |
|---|---|
| Sophie *habitait* à Nice en 2016. Elle habite maintenant à Kyoto. | 2016 年ソフィーはニースに住んでいた。今は京都に住んでいる。 |
| Au lycée, Mika *jouait* de la guitare dans un club de musique. | 高校の時ミカは音楽部でギターを弾いていた。 |

· 複合過去形、単純過去形（→ 補足）と共に使われると、**複合過去形、単純過去形が表す出来事の状況（ex. 背景、情景描写、人物描写、理由、補足説明）**を表す

| Dimanche, Sophie a fait les courses à Kyoto. Il *faisait* beau et il y *avait* beaucoup de monde. | 日曜日、ソフィーは京都で買い物をした。天気がよく、たくさん人がいた。 |
|---|---|
| Ce printemps, j'ai rencontré une québécoise pendant mon voyage aux États-Unis. Elle *était* très sympathique. Elle *travaillait* dans une école de langues. | 今年の春、アメリカ旅行でケベックの女性に　会った。彼女は感じがよく、語学学校で働いていた。 |
| Hier soir, je *regardais* la télévision quand le téléphone a sonné. C'*était* ma sœur. | 昨夜私がテレビを見ていると、電話が鳴った。（電話をかけてきたのは）妹だった。 |

＊複合過去形で表される内容は事柄を**完結した**ものとして、半過去形で表される内容は**完結していない**もの（未完了、継続中）として表す

À 17 heures 15, le train *est parti* de la gare.

17 時 15 分、電車は駅を**出発した**。

Je suis arrivé à la gare à 17 heures 15.
Le train *partait*.

17 時 15 分、私は駅に着いた。
電車は**出発するところ / したところ**だった。

・条件節で、**非現実**あるいは**実現性の低い仮定**を表す（→ leçon 9）

Si j'*étais* un oiseau, je volerais dans le ciel immense.

（私が）鳥だったら大空を飛べるのに。

・時制の一致では、主節が過去時制の場合、**従属節の直説法現在形を置換える**（→ leçon 11）

Elle m'a dit qu'elle *travaillait* dans une école de langues.

彼女は語学学校に勤めていると私に言った。

練習しましょう！　Exerçons-nous!　🎧 1-12

**1.** 次の半過去形の動詞の不定詞と意味を確認しましょう（すべて例文に出ている動詞です）。

Quand il *était* ...　　　　　Il *faisait* ...

Akira *adorait*...　　　　　il y *avait* ...

Sophie *habitait*...　　　　Elle *était* ...

Mika *jouait* ...　　　　　Elle *travaillait*

　　　　　　　　　　　　　Le train *partait*...

**2.** 直説法現在形の活用を直説法半過去形に換え、2 つの活用の違いが分かるように音読しましょう。

| J'aime / | J'habite / | Je suis / |
|---|---|---|
| Je regarde / | J'écoute / | Je reste / |
| J'arrive / | Je passe / | Je finis / |
| Je sors / | Je viens / | Je me lève / |
| Je préfère / | Je vois / | Je vais / |
| Je peux / | Je veux / | Je dois / |
| Je dis / | Je sais / | Je comprends / |
| Je ne me couche pas / | Prenez-vous ? / | |

＊ je dis < dire, je sais < savoir, je comprends < comprendre

**3.** フランス語を聞いて発音された方を○で囲みましょう。

1. j'entrais / j'entre
2. nous aimons / nous aimions
3. il se lève / il se levait

4. ils arrivaient / ils arrivent
5. tu restes / tu restais
6. vous passiez / vous passez

**1** フランス語の文章を読み、①複合過去形で書かれた内容に ＿＿＿ 、②半過去形で書かれた内容に 〜〜〜 を引き、事柄を下に書き分けましょう。次に内容をまとめましょう（一文ずつ和訳する必要はありません）。

　　Pendant les vacances de printemps, Akira et ses camarades ont fait un voyage à Shikoku. Ils sont partis d'Osaka en voiture le 28 mars. D'abord, ils sont allés à Takamatsu. Ils ont visité le château de Takamatsu et le soir, ils ont mangé du udon. C'était très bon. Ensuite, ils sont passés à Naruto pour voir le tourbillon marin. C'était vraiment super ! À Kochi, il faisait très doux et les cerisiers étaient déjà en pleine floraison. En passant par Uwajima, ils ont atteint Matsuyama le 30 mars. Ils sont descendus dans un hôtel traditionnel dans une station thermale. Ils étaient fatigués, mais très contents. Ils sont rentrés à Osaka le 1er avril.

| 複合過去形の事柄 | 半過去形の事柄 |
|---|---|
| | |

**2** 日本語の意味に合うように、リストから適切な動詞を選び、複合過去形または半過去形に活用させて ....... に入れてフランス語の文を活用させましょう。

1. Quand nous ................... petits, mon frère et moi ................... souvent chez nos grands-parents pendant les vacances d'été.
   小さかった頃、兄と僕は夏休みによく祖父母の家に行っていた。

2. Sophie ................... étudier au Japon en 2017, parce qu'elle ...................
   à l'art japonais.
   日本の芸術に興味があったので、ソフィーは 2017 年に日本へ勉強に来た。

3. Aujourd'hui, j'................... libre pendant la journée. Comme il ................... beau, j'................... changer d'air. Alors, j'................... le train pour aller me promener à Kobé.
   今日は一日暇だった。天気も良かったので、気分を変えたくなった。それで、神戸を散策するために電車に乗った。

> *aller, être, venir, prendre, faire, vouloir, s'intéresser*

**3** 質問に答えましょう。答えは省略せずに書きましょう。

1. En 2016, vous habitiez où ?

   ...................................................................................................................

2. Qu'est-ce que vous aimiez faire quand vous étiez au collège ?

   ...................................................................................................................

3. Quand vous étiez très petit(e), vous croyiez au Père Noël ?　　　vous croyiez < croire
   （croire à[au] 〜：〜の存在を信じる。答える時は J'y ＋動詞 または Je n'y ＋ 動詞 pas）

   ...................................................................................................................

# Leçon 3

未来にしようと考えていることを語る

**MODÈLE 1** 🎧 1-13

Ce week-end, il fera beau et doux. Sophie ira en excursion avec ses amis japonais et français.

**MODÈLE 2** 🎧 1-14

Sophie : Akira, tu pourras m'aider à préparer le pique-nique de dimanche ? Je voudrais y ajouter quelques boules de riz.

Akira : Bien sûr que oui. Quand est-ce que je devrai arriver chez toi ?

Sophie : Avant 9 heures. C'est possible ?

Akira : D'accord. Dimanche matin, je me lèverai à 6 heures et demie. Je t'enverrai un message dès que je serai arrivé à la gare de Kyoto.

y = au pique-nique

## 1 直説法単純未来形 🎧 1-15

・**現在**を基点として「**未来の事柄**」を表す

● **作り方**

**語幹＋人称に共通した活用語尾**(**-rai** [rɛ], **-ras** [ra], **-ra** [ra], **-rons** [rɔ̃], **-rez** [re], **-ront** [rɔ̃]) で作るが、動詞の種類によって語幹の作り方にヴァリエーションがある：

◆ **-er 型の規則動詞の語幹**：直説法現在形の je の活用形

ex aimer (j'aime) → j'aime**rai**, rentrer (je rentre) → je rentre**rai**, se promener (je me promène) → je me promène**rai**,   cf. préférer (je préfère) → je préfére**rai**
(新つづり字では je préfère**rai**)

◆ **語尾が -ir, -re, -oir になる動詞の語幹**：不定詞の語尾の -r, -e あるいは -oir を取った部分

ex finir → je fini**rai**, partir → je parti**rai**, prendre → je prend**rai**, mettre → je mett**rai**, attendre → j'attend**rai**, devoir → je dev**rai**

◆ **特殊な語幹をもつもの**：

ex venir → je viend**rai**, voir → je ver**rai**, pouvoir → je pour**rai**, vouloir → je voud**rai**, mourir → je mour**rai**, aller → j'i**rai**, avoir → j'au**rai**, savoir → je sau**rai**, faire → je fe**rai**, être → je se**rai**,

| aimer | | finir | | aller | | avoir | | être | |
|---|---|---|---|---|---|---|---|---|---|
| j' | **aime**rai | je | **fini**rai | j' | **i**rai | j' | **au**rai | je | **se**rai |
| tu | **aime**ras | tu | **fini**ras | tu | **i**ras | tu | **au**ras | tu | **se**ras |
| il | **aime**ra | il | **fini**ra | il | **i**ra | il | **au**ra | il | **se**ra |
| nous | **aime**rons | nous | **fini**rons | nous | **i**rons | nous | **au**rons | nous | **se**rons |
| vous | **aime**rez | vous | **fini**rez | vous | **i**rez | vous | **au**rez | vous | **se**rez |
| ils | **aime**ront | ils | **fini**ront | ils | **i**ront | ils | **au**ront | ils | **se**ront |

● **用法**

・現在より**後の時期に起こると予想される事柄**を表す

Demain, il *fera* beau et doux à Osaka.     明日、大阪は晴れて暖かいでしょう。

Sophie *aura* 22 ans en juin.     ソフィーは6月で22歳になります。

Akira *ira* faire un stage de français l'année prochaine.     アキラは来年フランス語の研修に行くだろう。

＊現在形と比較して、単純未来形で表される事柄は**実現の確実性が低いと考えられる**

cf. Akira va faire un stage de français l'année prochaine.     アキラは来年フランス語の研修に行きます。（研修に行くのは確実だと思って話している）

・**話し手の意思**を表す

On *se verra* quand tu viendras à Paris.     あなたがパリに来たら（私たちは）会いましょうね。

・**話し手の推測**を表す（être, avoir について使われる）

On sonne à la porte. Ce *sera* Mika.     誰かがドアのベルを鳴らしている。ミカだろう。

＊話し言葉では Ça doit être Mika. と補助動詞 devoir を使った文にすることが多い。

・**語調を緩和する**ために使う

Bonjour Monsieur. Une baguette et deux croissants, s'il vous plaît.

こんにちは。バゲット1本とクロワッサン2個お願いします。

Ce *sera* tout ? Ça fait 3,50 euros, Madame.

これですべてでしょうか？3ユーロ50サンチームになります。

・**軽い命令・婉曲的な依頼**を表す

Tu m'*aideras* à mettre en ordre des papiers.

書類を片付けるのを手伝ってね。

Vous *pourrez* venir demain matin ?

明日の朝来ていただけますか？

Vous n'*oublierez* pas de me téléphoner ce soir.

今晩私に電話するのを忘れないでくださいね。

＊単純未来形を使うと、命令形や現在形で同じ内容を表すより語気が和らげられる。

*cf.* Vous pouvez venir demain matin ?

明日の朝来てもらえますか？

N'oubliez pas de me téléphoner ce soir.

今晩私に電話するのを忘れないでください。

## 2 直説法前未来形 1-16

・**未来のある時点までに完了している事柄**を表す（英語の未来完了と同じ）

●作り方：助動詞（**avoir / être** の単純未来形）＋ 過去分詞

| faire | | venir | |
|---|---|---|---|
| j' | **aurai** fait | je | **serai** venu(e) |
| tu | **auras** fait | tu | **seras** venu(e) |
| il | **aura** fait | il | **sera** venu |
| elle | **aura** fait | elle | **sera** venue |
| nous | **aurons** fait | nous | **serons** venu(e)s |
| vous | **aurez** fait | vous | **serez** venu(e)(s) |
| ils | **auront** fait | ils | **seront** venus |
| elles | **auront** fait | elles | **seront** venues |

J'*aurai fini* mon rapport avant demain matin.

明日の朝までには私はレポートを書き終えているだろう。

Tu me téléphoneras dès que tu *seras arrivé* à l'aéroport.

空港に着いたらすぐに僕に電話してね。

＊助動詞の選択、過去分詞の作り方、過去分詞の性数一致については複合過去形と同じ

練習しましょう!  Exerçons-nous!

1. 直説法現在形の活用を直説法単純未来形の活用に換え、2つの活用の違いが分かるように音読しましょう。

| J'arrive / | J'écoute / | Je regarde / |
|---|---|---|
| Je reste / | Je suis / | J'ai / |
| Je sors / | Je prends / | Je fais / |
| Je vois / | Je viens / | Je vais / |
| Je peux / | Je dois / | Je me lève / |
| Je dis / | Je sais / | |

2. 次の不定詞を直説法前未来形にしましょう。主語は je, il, vous を使いましょう。

prendre →
aller →
se lever →

**1** 日本語の意味に合うように動詞をリストから選び、単純未来形あるいは前未来形に活用させて
......... に入れましょう。

1. Mes amis français ..................... au Japon cet été. Nous .....................
ensemble quelques monuments historiques, le château de Himeji et Miyajima, par
exemple.
私のフランス人の友人達が今年の夏、日本に来るらしいです。私たちは一緒に姫路城や宮島のような史跡を観光
するつもりです。

2. Akira et Mika ..................... bien réviser le cours de français parce qu'il y
..................... un test dans huit jours.
一週間後にテストがあるので、アキラとミカはフランス語の授業をしっかり復習しないといけないだろう。

3. Je ..................... ce roman à la bibliothèque dès que je l'..................... .
この小説を読み終えたら図書館に返します。　　　　　　　* l'⇒ le は ce roman を指す

4. Tu ..................... à la fête de samedi soir avec moi, n'est-ce pas ?
私と一緒に土曜のパーティーに行きますよね？

> avoir, visiter, aller, rendre, lire, venir, devoir

**2** 左のスケジュールを見て、ミカになったつもりで質問に答えましょう。使う動詞は下のリスト
にあります。

**Emploi du temps : demain**

| | |
|---|---|
| 6 : 30 | 起床 |
| 7 : 45 | 家を出る |
| 8 : 55 | 大学に着く |
| 9 : 00 | フランス語の授業 |
| 10 : 40 | もう一つの授業 |
| 12 : 10 | カフェテリアに行く 友人と昼食 |
| 13 : 00 | |
| ｜ | 図書館で勉強 |
| 15 : 00 | |
| 17 : 00 | |
| ｜ | カフェでバイト |
| 21 : 00 | |
| 22 : 00 | 帰宅 入浴、音楽を聴く、 テレビのニュースを見る |
| 24 : 00 | 就寝 |

1. Mika, vous vous lèverez à quelle heure, demain matin ?

2. Vous partirez de chez vous à quelle heure ?

3. Et vous arriverez à quelle heure à la faculté ?

4. Après les cours du matin, vous mangerez où ?

5. Après les cours, qu'est-ce que vous ferez ? Vous
rentrerez tout de suite ?

> arriver, avoir, aller, manger, étudier, travailler, rentrer,
> se lever, partir, écouter, se coucher, regarder, prendre

**3** 次の文章はミカがバイトから帰宅して寝るまでにしようと思っていることをまとめたもので
す。上のリストから動詞を選び、単純未来形に活用させて ......... に入れ、文章を完成させましょ
う。

Mika ..................... à la maison vers 10 heures. Elle ..................... son bain, ensuite, elle
..................... de la musique. Avant de dormir, elle ..................... un peu le journal
télévisé. Elle ..................... vers minuit.

## Leçons 1 ～ 3 のまとめ　コミュニケーション問題

**1**　週末または休暇中にしたことを語る文章を書きましょう。写真またはイラストも添え、クラスで発表しましょう。

**2**　メール文を読み、指示に従って答えてください。わからない単語と表現は辞書できちんと調べましょう。

Bonjour Sophie,

Tu vas bien ?

Philippe, Marc et moi pensons voyager au Japon cet été pendant deux semaines. Nous arriverons probablement mi-août. Si tu restes cet été au Japon, on pourra se voir à Kyoto ? Nous visiterons bien sûr cette ancienne capitale japonaise, mais irons aussi voir les deux monuments inscrits au patrimoine mondial : le château de Himeji et Miyajima. Si tu peux venir avec nous, ça nous fera grand plaisir.

Bisous.

Hélène.

1.　エレーヌが友人達と日本に来る時期はいつ頃ですか？

2.　エレーヌ達は日本に来てどこを観光しようと考えていますか？

3.　エレーヌがソフィーにしてほしいと思っていることは何ですか？

**3**　下の文章はソフィーがエレーヌに出した返事です。

Salut Hélène,

Merci de ton mail qui m'a fait grand plaisir.

Cet été je ne retournerai pas en France. Nous pourrons bien sûr nous voir à Kyoto, mais j'ai promis de travailler dans un centre culturel franco-japonais à Osaka, à partir du vingt-trois août. Il sera donc difficile de vous accompagner tout le temps, mais je pourrai profiter de mon week-end pour visiter Himeji et Miyajima avec vous.

A très bientôt !

Sophie

1.　この夏、ソフィーはエレーヌ達と会うことはできますか？

2.　ソフィーはエレーヌがしてほしいことを OK することができますか？できる場合・できない場合どちらの場合も理由や条件等を詳しく書いてください。

3.　エレーヌになったつもりで、ソフィーに返事を書いてみましょう。

## Ⅰ 動詞時制形の関係図

　日常で頻繁に使われる直説法の6つの動詞活用形と条件法の2つの動詞活用形は、直説法の現在形、半過去形、単純未来形、（複合形の典型としての）複合過去形の4つから作ることができます。

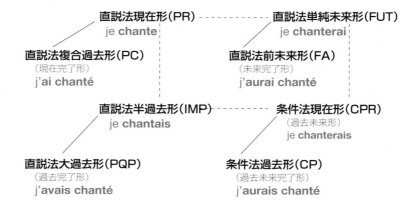

直説法現在形（PR）- - - - - - - - - 直説法単純未来形（FUT）
je chante　　　　　　　　　je chanterai

直説法複合過去形（PC）　　　　直説法前未来形（FA）
（現在完了形）　　　　　　　（未来完了形）
j'ai chanté　　　　　　　　j'aurai chanté

直説法半過去形（IMP）- - - - - - 条件法現在形（CPR）
je chantais　　　　　　　　（過去未来形）
　　　　　　　　　　　　　je chanterais

直説法大過去形（PQP）　　　　条件法過去形（CP）
（過去完了形）　　　　　　　（過去未来完了形）
j'avais chanté　　　　　　　j'aurais chanté

*cf.* ・条件法現在形 ⇒ leçon 9、直説法大過去形 ⇒ leçon 10
　　・条件法現在形・条件法過去形には時制的意味の他に話者の事柄に対する述べかたを伝える叙法的意味がある

## Ⅱ 動詞時制形の作り方：単純形と複合形

**【単純形】**
**PR\*** ：**語幹**（動詞のタイプにより異なる）＋**活用語尾**（動詞のタイプにより異なる）
**IMP** ：**語幹**（現在形の nous の活用から -ons を取る）
　　　　　　　　　　　　　　＋**活用語尾**（*-ais*, *-ais*, *-ait*, *-ions*, *-iez*, *-aient*）
**FUT** ：**語幹**（動詞のタイプにより異なる）＋**活用語尾**（*-rai*, *-ras*, *-ra*, *-rons*, *-rez*, *-ront*）
**CPR** ：**語幹**（単純未来形の語幹）＋**活用語尾**（*-ais*, *-ais*, *-ait*, *-ions*, *-iez*, *-aient*）
　　　　　　　　　　　　　　　　　　　　＊半過去形の活用語尾と同じ
\* avoir, être など語幹と活用語尾に分けられない不規則動詞も若干数ある

**【複合形】**
**PC**（現在完了形）　　：**助動詞**（avoir または être の直説法現在形）＋**過去分詞**
**PQP**（過去完了形）　：**助動詞**（avoir または être の直説法半過去形）＋**過去分詞**
**FA**（未来完了形）　　：**助動詞**（avoir または être の直説法単純未来形）＋**過去分詞**
**CP**（過去未来完了形）：**助動詞**（avoir または être の条件法現在形）＋**過去分詞**

> ・動詞の単純形の作り方：動詞のタイプや活用形により異なる語幹と活用語尾があり、やや
> 　　　　　　　　　　　　複雑
> ・動詞の複合形の作り方：《助動詞＋過去分詞》の型は決まっている
> 　　　　　　　　　　　　助動詞の avoir/ être を現在形、半過去形、単純未来形、条件法
> 　　　　　　　　　　　　現在形に変えて作る

### 〜 *Le Temps des cerises* 〜

Quand nous chanterons le temps des cerises,
Et gai rossignol, et merle moqueur
Seront tous en fête !
Les belles auront la folie en tête
Et les amoureux, du soleil au cœur !
Quand nous chanterons le temps des cerises,
Sifflera bien mieux le merle moqueur !

Mais il est bien court, le temps des cerises
Où l'on s'en va deux, cueillir en rêvant
Des pendants d'oreilles...
Cerises d'amour aux roses pareilles,
Tombant sous la feuille en gouttes de sang...
Mais il est bien court, le temps des cerises,
Pendants de corail qu'on cueille en rêvant !

Quand vous en serez au temps des cerises,
Si vous avez peur des chagrins d'amour,
Évitez les belles !
Moi qui ne crains pas les peines cruelles,
Je ne vivrai point sans souffrir un jour...
Quand vous en serez au temps des cerises,
Vous aurez aussi des peines d'amour !

J'aimerai toujours le temps des cerises :
C'est de ce temps-là que je garde au cœur
Une plaie ouverte !
Et dame Fortune, en m'étant offerte,
Ne pourra jamais fermer ma douleur...
J'aimerai toujours le temps des cerises
Et le souvenir que je garde au cœur !

*WIKISOURCE* より

・*Le Temps des cerises*「さくらんぼの実るころ」はパリ・コミューンの一員であった J.B. Clémont が作詞、A. Renard が曲をつけ 1866 年に発表されました。はかない恋と失恋の悲しみを歌った歌ですが、パリ・コミューンへの弾圧を強めた第三共和政を批判するパリ市民が歌ったことから有名になりました。

・Yves Montand, Cora Vaucaire, Juliette Gréco など著名な歌手がこの曲を歌っています。日本では映画「紅の豚」の挿入歌として加藤登紀子がフランス語で歌ったものが有名です。

・歌詞の中には Quand nous chanterons le temps des cerises「私達がさくらんぼの実るころを歌う時」、Je ne vivrai point sans souffrir un jour「私は一日たりとも苦しまずに生きることはないだろう」、J'aimerai toujours le temps des cerises「私はずっとさくらんぼの実るころを愛するだろう」等、単純未来形が多数現れています。

Leçons 1 〜 3 で学んだ内容を使うと、次のような事項を盛り込んだやり取りや文章作成が可能です。

- ☐ a. 現在の習慣や状態、実現を確信している未来の事柄について述べる
- ☐ b. 現在までに経験したこと（しなかったこと）を言う
- ☐ c. これまでにしたこと（しなかったこと）とその結果について言う
- ☐ d. 過去から現在まで続けてきたことを言う
- ☐ e. 過去の状態や習慣と現在を対比させて述べる
- ☐ f. 週末や休暇中の行動など、過去にしたこととその背景や状況を語る
- ☐ g. 自分の計画や予定を知らせるなど、未来にしようと考えていることを言う
- ☐ h. 依頼や命令を婉曲的に表す

フランス文化 Petit 情報

## ▍フランスのお城

　フランスにはたくさんの古城があります。特に有名なのはロワール河のお城でしょう。パリから南西に位置するロワール渓谷にはブロワ、オルレアンなど歴史的にも重要な都市が点在し、数々の美しい城が現存しており、2000 年には世界遺産に認定されました。300 を超える古城の中で初期のものは中世の城砦として築かれたものが多く、改築や修築を重ねて今の姿になっているようです。よく知られたものとしては、ロワール渓谷の城の中で最大の広さを持つシャンボール城、アンリ 2 世が愛妾ディアンヌ・ド・ポワティエを住まわせたシュノンソー城、『眠れる森の美女』のモデルになったユッセ城等があげられます。ルネサンス期になると政治の中心はパリに移りますが、ロワール河の城は政治的に重要な役割を果たし、しばしば王族の政権抗争の舞台となりました。

　首都パリの近郊にも多くの城が存在します。誰もが知っているのはルイ 14 世が建設を命じたヴェルサイユ宮殿ですね。広大な敷地に建つバロック建築の豪華な建物と美しい庭園の他にもさまざまな小宮殿が有名です。今は美術館になっているルーヴルも 13 世紀に建てられた城塞が基になっており、ルイ 14 世がヴェルサイユを建設する前は歴代フランス王の宮殿として使用されていました。その他にも、フランスルネサンスの舞台ともなったフォンテーヌブロー城、シンメトリーで幾何学的な美しさを持つフランス式庭園の見本ともいえる庭園を備えたヴォー＝ル・ヴィコント城、姫路城と姉妹協定を結んでいるシャンティイ城、首脳会議や和平会議など国際的な交渉の場に度々使用されたランブイエ城など、さまざまな城や宮殿がパリから数十キロ圏内に点在しています。それぞれの城にまつわる歴史は、これらの城がフランスだけでなく、ヨーロッパや世界の歴史の生き証人であったことを物語っています。

世界遺産にもなっているフォンテーヌブロー城。
内部は美術館として公開されています。

# Leçon 4

話題に出たものについて話を展開させる（1）

 **MODÈLE ①** 🎧 1-17

Sophie : Mika, tu connais* Akira ?

Mika : Oui, je le connais bien. Akira et moi, nous sommes dans la même classe de français.

Sophie : Nous irons en excursion ce week-end. Tu ne veux pas venir avec nous ?

Mika : Pourquoi pas !

Sophie : Alors, tu pourras nous donner un coup de main pour préparer des boules de riz pour le pique-nique ?

Mika : Bien sûr.

 **MODÈLE ②** 🎧 1-18

Salut Paul,

Tu as décidé ce que** tu vas préparer pour l'excursion de ce week-end ? Marianne va faire des sandwichs. Moi, je fais des boules de riz. Mika et Akira m'aideront à les préparer. Les fruits, Marc les achètera dans un supermarché. Si tu veux, tu peux aller acheter des boissons (de l'eau, du jus de fruit, etc.) avec lui ?

Sophie

*connaître の活用は巻末の活用表を参照

** ce que ... ⇒ leçon 11 参照

y = dans un supermarché

## **1** 補語人称代名詞 🎧 1-19 （*Le Ciel 1*, leçon 11 も参照）

・文の**主語以外の名詞に代わる**。**1** 人称、**2** 人称、**3** 人称についてそれぞれ**単数と複数の区別**があり、**3** 人称については**人・ものどちらにも代わる**ことができる
（3人称の代名詞は英語の人称代名詞目的語 *him, her, them, it* に相当する）

● 種類：**直接目的補語**＝動詞と直接結びつく目的語の名詞に代わる
　　　　**間接目的補語**＝前置詞（多くの場合は **à**）を介して動詞と結びつく目的語の名詞に代わる
　　　　**強勢形**＝文中で独立して使われる、あるいは接続詞・前置詞の後で使われる
　　　　　　　　　　　　　　（強勢形については *Le Ciel 1*, Appendice も参照）

| | 直接 | 間接 | 強勢形 |
|---|---|---|---|
| je | **me (m')** | | moi |
| tu | **te (t')** | | toi |
| il | **le (l')** | **lui** | lui |
| elle | **la (l')** | | elle |
| nous | **nous** | | nous |
| vous | **vous** | | vous |
| ils | **les** | **leur** | eux |
| elles | | | elles |

・1・2 人称については直接目的語と間接目的語の区別なし

・3 人称については直接目的語と間接目的語の区別あり

・3 人称単数には男性・女性の区別あり

・me, te, le, la は母音または無音の h の前で m', t', l' となる

● 語順

◆ 基本： 代名詞 －（代名詞が結びついている）動詞

Tu connais <u>Akira</u> ？ - Oui, je *le* connais très bien.

> あなたはアキラを知ってる？ －ええ、よく知ってるわ。

Vous pouvez téléphoner <u>à Sophie</u> ce soir ？

- Oui, je *lui* téléphone avant 21 heures.

> 今夜ソフィーに電話してもらえますか？
> －はい、9 時前に彼女に電話します。

Tu pourras *nous* aider à préparer des sandwichs ？

> 私たちがサンドイッチを作るのを手伝ってもらえますか？

◆ 直接目的語と間接目的語の代名詞が両方文中にある場合：

1・2 人称の代名詞 － 3 人称の代名詞 －動詞

3 人称の代名詞（直接目的語） － 3 人称の代名詞（間接目的語） －動詞

Je vais offrir <u>un bouquet de fleurs</u> <u>à ma mère</u> pour la fête des mères.

> 母の日に、僕は母に花束を贈るつもりだ。

> → Je vais *le lui* offrir pour la fête des Mères.

> →母の日に、僕はそれ（花束）を彼女（母）に贈るつもりだ。

Mon fils *m'*a offert <u>un bouquet de fleurs</u> pour la fête des Mères.

> 息子は母の日に私に花束をくれた。

> → Mon fils me *l'*a offert pour la fête des mères.

> →息子は母の日に私にそれ（花束）をくれた。

＊offrir の活用は巻末活用表参照

◆ 動詞が複合過去形：主語－ 代名詞 －助動詞－過去分詞

Vous avez déjà visité <u>le Ginkakuji</u> ？

- Oui, je *l'*ai visité une fois.

> 銀閣寺を観に行ったことがありますか？
> －はい、一度（それ＝銀閣寺を）観に行ったことがあります。

◆**否定文**：動詞が活用している場合は **主語－ ne －** 代名詞 **－動詞－ pas**

                        **主語－ ne －** 代名詞 **－助動詞－ pas －過去分詞**

Tu connais <u>Akira</u> ?
- Nous sommes dans la même classe d'anglais.
  Mais je *ne le* connais *pas* bien.

アキラを知っていますか（知り合いですか）？
－はい、英語のクラスで一緒です。
　でも彼のことはよく知りません。

Vous avez vu <u>la sœur d'Akira</u> récemment ?
- Non, je *ne l'*ai *pas* vue depuis 15 jours.

最近、アキラのお姉さんに会いましたか？
－いいえ、私は彼女に２週間会っていません。

＊直接目的補語と過去分詞の性数一致については Appendice 参照

◆**倒置疑問文**： 代名詞 **－動詞－主語**

               代名詞 **－助動詞－主語－過去分詞**

Voilà Miki, <u>la sœur d'Akira</u>. *La* connaissez-vous ?

あれがアキラのお姉さんのミキですよ。彼女を知ってますか？

Je n'ai pas vu <u>Miki</u> hier. *L'*avez-vous vue ?

昨日ミキに会わなかった。あなたは彼女に会いましたか？

◆**命令文**：（肯定）**動詞－** 代名詞 　（動詞と代名詞はハイフン〔-〕でつなぐ）

          （否定）**ne －** 代名詞 **－動詞－ pas**

Téléphonez-*moi* ce soir.

今晩、私に電話してください。

<u>Ne</u> *me* téléphone <u>pas</u> ce soir.
J'ai un empêchement.

今晩私には電話しないでください。
用事があるから。

＊肯定命令形の場合 *te* は *toi* になる。

| 練習しましょう！ | Exerçons-nous! |
|---|---|

**1.** 下線部の言葉を直接目的語の代名詞にして文を言い換えましょう。

    1. Je connais <u>Mika</u>.                            →
    2. Je ne connais pas <u>Mika</u>.                   →
    3. Nous allons voir <u>ce film</u> demain.          →
    4. Sophie n'aime pas beaucoup <u>ces chanteurs</u>.   →
    5. J'ai vu <u>Akira</u> hier soir.                     →

**2.** 下線部の言葉を間接目的語の代名詞にして文を言い換えましょう。

    1. Nous offrons le cadeau d'anniversaire <u>à Sophie</u>.   →
    2. On n'offre pas de bouquet de fleurs <u>à Sophie</u>.    →
    3. Mika envoie un mail <u>à Akira</u>.                →
    4. Ne téléphonez pas <u>à mes parents</u> après 22 heures. →
    5. Envoyez le mail <u>à votre professeur</u> avant demain. →

*cf.* **指示代名詞 *ça***

・主語または目的補語として使われる（目的補語の語順は変化しない）
・事柄、状況を指し示す
・一般的カテゴリーを表す文中の語を指し示す

Sophie, *ça* va bien ? -Oui, *ça* va très bien.

ソフィー、元気？　－うん、とっても元気よ（直訳：状況がとてもよい）。

Tu aimes le café ? -Oui, j'aime bien *ça*.

コーヒー好き？　－うん、僕は好きだよ（私は好きよ）。

＊個別の事物の場合は補語人称代名詞を使う　Tu aimes ce café ? - Non, je ne *l'*aime pas beaucoup.

**1** リストから選んで ........ に適切な代名詞を入れましょう。日本語の訳では代名詞の部分は省略されているので、フランス語の構文をよく見て必要な代名詞を探しましょう。

1. Akira et Mika aiment beaucoup leur professeur de français. Ils sont contents de ........ voir chaque semaine.

アキラとミカは彼らのフランス語の先生が大好きだ。毎週先生に会うのを喜んでいる。

2. Hier soir, Sophie ........ a envoyé un mail pour savoir ce que je vais préparer pour l'excursion.

昨日の夜、僕がピクニックに何を作ろうとしているのかを知るために、ソフィーはメールを送ってきた。

3. À qui est-ce que vous offrez ce bouquet de fleurs ? -Je ........ offre à ma femme pour son anniversaire. Elle adore les fleurs.

その花束はどなたに差し上げるのですか？　－誕生日に妻に贈るんです。妻は花が大好きなんです。

4. Tu téléphones souvent à tes parents ? - Non, je ........ appelle rarement, mais je ........ envoie souvent des messages.

両親にはよく電話する？　－いや、電話はめったにしないな。でも LINE はよく送っているよ。

> le, la, l', les, lui, leur, me, m', te, t'

**2** ........ に適切な代名詞を入れて、母の誕生日パーティーの計画のために Marie が弟の Pierre に送るメール文を完成させ、内容を整理しましょう。

母へのプレゼントとその理由

父：

Marie：

Pierre：

Pierre,

Pour l'anniversaire de Maman, je vais ........ offrir le DVD de « Demain tout commence » d'Omar Sy. Elle ne ........ a pas vu. Comme toujours, Papa ........ offre un bouquet de fleurs. Les fleurs, maman adore ........ ! Et toi, qu'est-ce que tu penses lui faire comme cadeau ? A propos des boissons, peux-tu aller ........ acheter au supermarché avec Papa ? Le gâteau d'anniversaire, je vais ........ faire moi-même.

Marie

\* *Demain tout commence*（邦題『明日は最高のはじまり』）は Omar Sy 主演の映画

**3** 質問に答えましょう。答えの文は適切な補語人称代名詞を使って書きましょう。また、答えにはできる限り理由を加えましょう。

1. Vous connaissez le président de la France ? Comment le trouvez-vous ?

........................................................................

........................................................................

2. Vous envoyez une carte de Nouvel An à vos amis ？（2 つの目的語のうち 1 つを代名詞に換える）

........................................................................

3. Vous offrez un cadeau d'anniversaire à vos parents ？（2つの目的語のうち1つを代名詞に換える）

........................................................................

........................................................................

# Leçon 5

話題に出たものについて話を展開させる（2）

**MODÈLE 1** 🎧 1-20

Sophie : Je suis allée deux fois à Arashiyama.
J'aime beaucoup les paysages aux
alentours. Et vous, vous y êtes déjà
allés ?

Mika et Akira : Oui, bien sûr !

Mika : On y va souvent en excursion avec
son école quand on est petits.

**MODÈLE 2** 🎧 1-21

Paul : Les boules de riz sont très bonnes ! Je
peux en prendre encore une ?

Sophie : Bien sûr ! Prends-en autant que tu
veux ! Nous en avons beaucoup.
Marianne, sers-toi encore si tu veux.

Marianne : Merci beaucoup. Je veux bien.

**MODÈLE 3** 🎧 1-22

Akira : Ce sandwich est délicieux ! Qu'est-ce
que tu as mis dedans ?

Marianne : J'y ai mis de l'avocat, du saumon et
un peu de fromage blanc.

Akira : C'est très bon !

## **I** 中性代名詞 🎧 1-23

· **補語の性数と無関係**に用いられる代名詞
· **置換わる文中の要素**は代名詞の種類によって異なる
· **語順については補語人称代名詞の le と同様**（⑳ 関係する動詞の前、*ne...pas* は代名詞＋活用した動詞をはさむ）

### **●y**
· **場所の状況補語**（前置詞 **à / dans / sur / en,** etc. ＋ 場所）⎫
· **à** ＋ 事物・不定詞・節　　　　　　　　　　　　　　　　⎬ に代わる
· 動詞＋目的語となる動詞の不定詞（＋補語）　　　　　　　⎭

＊y の前に je, ne があるとそれぞれ j', n'となる　⑳ J'y vais. Je *n'*y vais pas.
＊aller の単純未来形、条件法の前では y は使わない　⑳ × J'y irai. ○ J'irai là-bas.

⑳

Tu vas à la faculté le samedi ?　　　　　　　　　　　土曜日は大学に行くの？
- Non, je n'**y** vais pas (=Je ne vais pas <u>à la</u>　　－ううん、（大学には）行かない。授業がないんだ。
<u>faculté</u>). Je n'ai pas de cours le samedi.

Vous êtes déjà allé(e) à Arashiyama ?　　　　　　　嵐山に行ったことがありますか？
- Oui, j'**y** suis allé(e) deux fois (=Je suis allé(e)　　－はい、2回行ったことがあります。周りの風景
deux fois <u>à Arashiyama</u>). J'aime beaucoup les　　が大好きです。
paysages aux alentours.

Tu penses souvent à ton avenir ?　　　　　　　　　　将来のことはよく考える？
- Oui, j'**y** pense parfois (=Je pense parfois <u>à mon</u>　　－はい、時々（将来のことは）考えます。
<u>avenir</u>).

Le week-end prochain, on va manger ensemble　　次の週末、みんなでソフィーの家に食事に行く？
chez Sophie ?　　　　　　　　　　　　　　　　　　　　－はい、（ソフィーの家に食事に）行きましょう！
- Oui, on **y** va (=On va <u>manger ensemble chez</u>
<u>elle</u>) !

### **●en**
　　　　　　　不定冠詞（**un, une, des**）⎫
· **直接目的補語**で 部分冠詞（**du, de la, de l'**）⎬ ＋ 名詞に代わる
　　　　　　　否定の冠詞 **de**　　　　　　　⎭
· 前置詞 **de**
· 数量表現 ＋ 名詞の名詞に代わる（数量表現は後に残す）

＊en に代わる名詞は動詞の補語（直接目的補語、間接目的補語）に相当する。
＊en の前に je, ne があるとそれぞれ j', n'となる　⑳ J'en ai. Je *n'*en ai pas.

⑳

Vous avez des frères ?　　　　　　　　　　　　　　　ご兄弟はいらっしゃいますか？
- Oui, j'**en** ai un (=J'ai un <u>frère</u>).　　　　　　　　　－はい、兄（弟）が一人います。
- Moi, je n'**en** ai pas (=Je n'ai pas <u>de frères</u>). Je　　－僕は兄弟がいません。一人息子です。
suis fils unique.

Si tu as plusieurs dictionnaires, peux-tu m'**en**　　いくつか辞書もってたら一つ貸してくれる？明
prêter un (=peux-tu me prêter un <u>dictionnaire</u>) ?　　日（辞書が）必要なんだ。
J'**en** ai besoin demain (=J'ai besoin <u>d'un</u>
<u>dictionnaire</u> demain).

Tu veux encore du café ?　　　　　　　　　　　　　もう少しコーヒー欲しい？
- Oui, j'**en** veux bien un peu (=Je veux un peu <u>de café</u>).　　－うん、もう少し欲しいな。

## ● le

· 既出の文全体
· 文中の不定詞（＋ 補語）　　　　　　　　　｝に代わる
· **de** ＋ 不定詞、属詞（**形容詞・名詞** ＋ ［補語］）｝

ex

Vous savez que les amis de Sophie viendront au Japon cet été ?
- Ah bon ? Je ne *le* savais pas (=Je ne savais pas que ses amis viendront au Japon cet été).

Tu veux aller manger au restaurant avec nous ?
- Oui, je (*le*) veux bien (=Je veux bien aller manger au restaurant avec vous).

＊口語では Je le veux bien の le は省略される。

ソフィーの友人達が今夏日本に来るって知ってましたか？
－あ、そうなんですか？それは知りませんでした。

私たちと一緒にレストランへ食事に行く？
－はい、そうしたいです。

 練習しましょう！　Exerçons-nous!

**1.** ①下線部を中性代名詞 y にして文を言い換えましょう。

　　　1. Je vais <u>au café</u>.　　　　　　　→

　　　2. Paul est <u>sur la terrasse</u>.　　　→

　　　3. Mon frère n'habite pas <u>à Nara</u>.　→

　　　4. Allons <u>au cinéma</u> ce soir !　　　→

　　②y を使って次の質問に答えましょう。

　　　Ce week-end, vous allez au cinéma ?

**2.** ①下線部を中性代名詞 en にして文を言い換えましょう。

　　　1. J'ai trois <u>enfants</u>.　　　　　　→

　　　2. Nous ne voulons plus <u>de café</u>.　→

　　　3. Donnez-moi 1 kilo <u>d'oranges</u>.　　→

　　　4. Tu as besoin <u>d'un dictionnaire pour apprendre le français</u>.

　　　　　　　　　　　　　　　　　→

　　②en を使って次の質問に答えましょう。

　　　Le vendredi, vous avez combien de cours ?

**3.** 下線部を中性代名詞 le にして文を言い換えましょう。

　　1. Ma mère est infirmière. Ma tante est aussi <u>infirmière</u>.

　　　→

　　2. Philippe voudrait bien <u>partir en vacances en juillet</u>.

　　　→

● **よく使う数量表現**（**de** …の後に**無冠詞名詞**を取る表現） 1-24

| beaucoup de | たくさんの | ... **kilo de** | …キロの | ... **paquet de** | …袋の |
|---|---|---|---|---|---|
| **un peu de** | 少しの | ... **litre de** | …リットルの | ... **grammes de** | …グラムの |
| **peu de** | ごくわずかの | ... **boîte de** | …箱の | **une douzaine de** | 1 ダースの |

23

**1** .......... に適切な中性代名詞（y, en, le のいずれか）を入れましょう。日本語の訳では代名詞の部分は省略されることもあります。フランス語の構文をよく見て必要な代名詞を探しましょう。

1. Quand tu étais petite, tu croyais au Père Noël ? - Non, je n'.......... croyais pas. Je savais que c'étaient mes parents qui avaient acheté nos cadeaux de Noël.

   小さいころサンタクロースがいるって信じてた？　―ううん、信じてなかった。両親がクリスマスプレゼントを買ってたって知ってたもの。

2. Laisse la vaisselle. Je m'.......... occuperai après.

   食器はそのままにしておいて。私が後で片付けるから。

3. Nous sommes allés bavarder dans un café après les cours. - Ah bon... je ne .......... savais pas.

   放課後カフェにおしゃべりに行ったんだよ。　―あ、そうなの。知らなかった。

4. Cet été, nous pourrons voir Sophie au Japon. Nous .......... sommes très contents.

   今年の夏、私たちは日本でソフィーに会えるでしょう。そのことをとても嬉しく思っています。

**2** 次の文章はソフィーが母親に送ったメールです。文章の下線を引いた en, le が何を表すか、文中の言葉を抜き出して答えましょう。

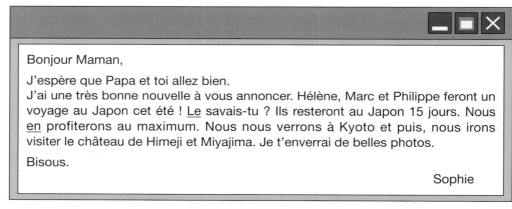

Bonjour Maman,

J'espère que Papa et toi allez bien.
J'ai une très bonne nouvelle à vous annoncer. Hélène, Marc et Philippe feront un voyage au Japon cet été ! Le savais-tu ? Ils resteront au Japon 15 jours. Nous en profiterons au maximum. Nous nous verrons à Kyoto et puis, nous irons visiter le château de Himeji et Miyajima. Je t'enverrai de belles photos.

Bisous.

Sophie

le =

en =

**3** 自分の状況に応じて、次の質問に中性代名詞 y, le, en のいずれかを用いて答えましょう。答えはできるだけ詳しく書きましょう。

1. Vous avez combien de cours par semaine ?

   ..........................................................................................................................

   ..........................................................................................................................

2. Comment allez-vous à Tokyo ?
   (ex *en avion / car / shinkansen / voiture, à vélo*) ⇒ *Le Ciel 1*, leçon 14 参照

   ..........................................................................................................................

   ..........................................................................................................................

3. Vous pouvez accepter d'aller manger avec des inconnus ?

   ..........................................................................................................................

   ..........................................................................................................................

# Leçon 6

> ° 話題に出たもの(出すもの)について情報を加えて語る °

 **MODÈLE 1** 🎧 1-25

Voilà les photos que j'ai prises à Arashiyama. Elles sont jolies, n'est-ce pas ?

 **MODÈLE 2** 🎧 1-26

Luc : Qu'est-ce que c'est ?
Sophie : Ce sont les photos de l'excursion dont je t'ai parlé hier.
Luc : Ah bon ? Qui est cette fille ?
Sophie : Laquelle*?
Luc : Celle qui est à côté de Marianne.
Sophie : C'est Mika.
Luc : Elle est jolie !

 **MODÈLE 3** 🎧 1-27

Maman,
Le week-end dernier, je suis allée faire un pique-nique à Arashiyama, mon endroit préféré.
C'est à côté de Kyoto où j'habite. Sur la première photo, on mange des boules de riz.
Ce sont mes deux amis japonais qui m'ont aidée à les faire.

Sophie

* については Appendice を参照

## 1 関係代名詞 🎧 1-28

- ・2つの文をつないで1つにする**接続詞**と**代名詞**の役割をはたす
- ・qui, que, dont, où の4種類に分かれる
- ・2つの文に共通した人・ものを指し示す語が存在することが前提条件
- ・関係代名詞によって1つの文はもう一方の文の一部に接続され、その説明となる
- ・関係代名詞で2つの文を接続するための「のりしろ」になる語を**先行詞**という
- ・関係代名詞によって一方の文の一部として接続された文を**関係代名詞節**という

### ● **qui**（= who, which ［英］）

- ・先行詞と同じ人 / ものを示す語が関係代名詞節で**主語**になる
- ・人 / 動物 / ものによる区別はない

La fille *qui* est à côté de Marianne s'appelle Mika.
= La *fille* s'appelle Mika. *Elle* est à côté de Marianne.

マリアンヌの横にいる女の子はミカという名前です。

Tu as vu le jeune homme *qui* jouait de la guitare au concert ? C'est Jun, mon frère.
= Tu as vu *le jeune homme* ? *Ce jeune homme* jouait de la guitare au concert.

コンサートでギターを弾いていた若い男性を見た？僕の兄でジュンというんだ。

### ● **que**（= whom, which ［英］）

- ・先行詞と同じ人 / ものを示す語は関係代名詞節で**直接目的補語**になる
- ・人 / 動物 / ものによる区別はない

Voilà les photos *que* j'ai prises à Arashiyama.
= Voilà *les photos*. J'ai pris *ces photos* à Arashiyama.

これが嵐山で私が撮った写真よ。

Marianne *que* tu as rencontrée à l'excursion étudie la littérature japonaise à Kyoto.
= *Marianne* étudie la littérature japonaise à Kyoto. Tu *l'*(= Marianne) as rencontrée à l'excursion.

ピクニックで君が会ったマリアンヌは京都で日本文学を勉強しているんだ。

### ● **où**（= where, when ［英］）

- ・先行詞と同じ内容を示す語は関係代名詞節で**時または場所の状況補語**になる

Arashiyama est à côté de Kyoto *où* j'habite.
= Arashiyama est à côté de *Kyoto*. J'habite à *Kyoto*.

嵐山は私が住んでいる京都の横にあります。

Il faisait très beau le dimanche *où* Sophie et ses amis ont fait une excursion.
= Il faisait très beau *dimanche*. Sophie et ses amis ont fait une excursion *ce jour-là*.

ソフィーと友人達がピクニックに行った日曜日は天気がとても良かった。

### ● **dont**（= whose, of which ［英］）

- ・関係代名詞節に**先行詞と同じ語を含む語句**（**de + 語**）がある

Voilà les photos de l'excursion *dont* je t'ai parlé hier.
= Voilà les photos de *l'excursion*. Je t'ai parlé *de cette* excursion hier.

これが昨日あなたに話したピクニックの写真よ。

Pour préparer notre pique-nique, on a acheté les produits alimentaires *dont* on avait besoin.
= (…) on a acheté *des produits alimentaires*. On avait besoin *de ces produits*.

お弁当を準備するために必要な食材を買ったの。

 ・練習しましょう！ Exerçons-nous!

関係代名詞を使いAの文にB.1. ~ B.3. の文をつなぎましょう。

A. Voilà le garçon.

B.1. Il travaille dans un café. ⇒
B.2. Je l'aime. ⇒
B.3. Le frère de ce garçon jouait de la guitare au concert. ⇒

## ② 指示代名詞 celui, celle, ceux, celles  1-29

・性数の区別があり、同じ名詞が2つ以上連続して使われる場合、2つ目以降の名詞に代わる
・主語としても補語としても使われる
・直接目的補語として使われる場合は動詞の後にくる

|  | 単数 | 複数 |
|---|---|---|
| 男性 | celui | ceux |
| 女性 | celle | celles |

Il y a deux manuels sur le bureau. *Celui-ci* est à Mika et *celui-là* est à Akira.

Quelle fille ?
- *Celle* qui est à côté de Marianne.
= *La fille* qui est à côté de Marianne.

机の上には2冊教科書があります。こちらはミカのであちらはアキラのです。

どの女の子？
－マリアンヌの横にいる女の子だよ。

cf. -ci は近いものを、-là は遠いものを示す。
　指示代名詞のその他の用法については Appendice を参照

 ・練習しましょう！ Exerçons-nous!

下線部の語を適切な指示代名詞にして日本語に訳しましょう。

1. mon chien et le chien de Mika

2. mes amis et les amis de Luc

3. ma mère et la mère de Sophie

## ③ 強調構文 C'est / Ce sont A qui ~, C'est / Ce sont A que ~  1-30

・英語の It is A that ~ 構文に相当する
・**主語を強調**する場合 ⇒ C'est A **qui** ~
　**それ以外を強調**する場合 ⇒ C'est A **que** ~

＊Aの位置にくる語が複数の場合、Ce sont... を使う

Mes amis japonais m'ont aidée à faire les boules de riz.
⇒ *Ce sont* mes amis japonais *qui* m'ont aidée à faire les boules de riz.

私がおにぎりを作るのを手伝ってくれたのは日本人の友人達です。

Sophie est allée à Arashiyama en excursion avec ses amis.
⇒ *C'est* à Arashiyama *que* Sophie est allée en excursion avec ses amis.

ソフィーが友人達とピクニックに行ったのは嵐山です。

**1** 日本語の意味に合うように ……… に適切な関係代名詞を入れましょう。

1. Pendant les vacances de printemps, Sophie est rentrée à Nice ………… elle est née.
   春休みの間、ソフィーは生まれ故郷のニースに帰った。

2. Sur la photo, tu vois la fille ………… porte un t-shirt bleu et blanc. C'est Mika.
   写真に青と白のTシャツを着た女の子が見えるでしょ。ミカよ。

3. Emma Watson est l'actrice ………… j'aime le mieux. Elle est vraiment super !
   エマ・ワトソンは僕が一番好きな女優だ。彼女はホントにすごいよ！

4. Voilà le livre ………… j'ai besoin pour rédiger mon rapport.
   レポートを書くのに私が必要としている本はこれです。

**2** 次の文の下線部を強調する文に書き換え、日本語に訳しましょう。

1. J'aime aller à la campagne avec des amis le week-end.

   *Je は動詞と切り離して単独では使わない

2. Luc et Philippe se sont promenés à vélo dimanche dernier.

3. Mika et Akira connaissent bien Arashiyama parce qu'ils y sont souvent allés en excursion.

4. Vous cherchez un dictionnaire français pour votre apprentissage du français ?

**3** ……… にリストから適切な語を選んで入れ、日本語に合う会話を完成させましょう。

- Bonjour, ……………………………………… ――こんにちは（お嬢さん）。
- Bonjour, madame. Je voudrais une jupe. ――こんにちは。スカートを買いたいんです。
- Quel type de jupe désirez-vous ? ――どんなスカートがお望みですか？
- Je cherche une jupe évasée. ――フレアースカートです。
- La jupe ………… ……… est devant vous, elle vous plaît ? ――お客様の前の緑のスカートはいかがですか？
- Ah...non, elle est trop ………… pour …………. ――あ、これはだめです。私には短すぎます。
- Alors ………… ……… porte le mannequin à gauche, elle vous ira bien, je crois. ――左のマネキンが着ているのはきっとよくお似合いですよ。
- Oui, elle me plaît bien. Je peux ………… essayer ? ――ええ、気に入りました。試着していいですか？
- Bien sûr, mademoiselle. ――もちろんです、お客様。

> *madame, mademoiselle, monsieur, jaune, bleue, rouge, verte, longue, courte, toi, lui, elle, moi, celui, celle, ceux, celles, qui, que, dont, le, la, les, l'*

# Le Ciel

## 2

別冊

コミュニケーション練習問題集

Rika Hirashima

Editions ASAHI

**1.** 次の会話を聴いて練習しましょう。

A 🎧 2-1

Sophie: Tu as l'air fatigué… Qu'est-ce que tu as ? Tu as mangé quelque chose ce matin ?

Akira: Non, je n'ai rien mangé.

Sophie: Alors tu as faim, n'est-ce pas ?

Akira: Oui, j'ai très faim… J'ai hâte d'aller à la cafeteria !

Sophie: Qu'est-ce que tu vas manger à midi ?

Akira: Je vais manger un riz au curry et une salade ! Et toi ?

B 🎧 2-2

Mika: Tu es déjà allée en France ?

Kana: Oui, j'y suis allée une fois, pendant les vacances de printemps. J'ai beaucoup aimé ce pays !

Mika: Moi, je n'y suis pas encore allée. Paris est beau ?

Kana: Oui, très beau !

Mika: Je voudrais visiter la France l'année prochaine !  y = en France

**2.** Sophie になったつもりで週末にしたことを言いましょう。

se lever tard

boire du café

faire le ménage et la lessive

prendre le déjeuner dans son café préféré

aller faire des courses

rencontrer une amie japonaise au supermarché

(cette amie japonaise) parler d'un petit chat abandonné

aller voir le chaton chez elle

tomber amoureuse de lui au premier coup d'œil (lui=le chaton)

décider de l'avoir (l'= le chaton)

**3．** 2.の話の続きです。会話を聴いて質問に答えてください。🎧 2-3

**3.1．** Akira はネコが好きですか？ その理由は？

**3.2．** Sophie がもらったネコはどんな外見？

**3.3．** Sophie がネコにつけた名前とその理由は？

**4．** Sophie の話を聞いた Akira に Luc が質問しています。Akira になったつもりで Sophie から聞いたことを伝えてください。

**4.1．** On dit que Sophie a un chaton chez elle depuis quelques jours. Comment a-t-elle trouvé son petit chat ?

**4.2．** Comment s'appelle son chat ?

**4.3．** Pourquoi l'a-t-elle nommé comme ça ? (l' = son chat)

---

┌─ **leçon 1** のアクティヴィティの補足表現と単語 ─────────

avoir hâte de ＋ 動詞の不定詞 :
　早く〜（＝ de 以下の行為）をしたい
faire la lessive : 洗濯する
tomber amoureux(se) de ＋ 人 :
　〜（＝ de 以下の人）に恋をする
au premier coup d'œil : 一目で

chaton 名男 : 子猫
décider de ＋ 動詞の不定詞 :
　〜（de 以下の行為をすること）を決心する
adorable 形 : かわいい
nommé ＜ nommer 動 : 名づける

3

**1.** Sophie と Mika の会話を聴いて練習しましょう。🎧 2-4

Sophie: Mais tu joues bien de la guitare, Mika !

Mika: Merci beaucoup ! J'aime beaucoup jouer de la guitare.

Sophie: Tu pratiques depuis longtemps ?

Mika: J'ai commencé à pratiquer au collège. Au lycée, je jouais de la guitare dans le club de musique. Maintenant, je joue de temps en temps à la maison.

**2.1.** Sophie の幼少期から高校に入るまでの趣味を語った文章を読んでください。

En France, Sophie habitait toujours avec sa famille à Nice. Quand elle était petite, elle aimait beaucoup dessiner. Elle aimait aussi lire des bandes dessinées. Au collège, elle s'intéressait aux dessins animés japonais. À cette époque-là, elle faisait partie du club de manga et adorait les dessins animés de Hayao Miyazaki : « Kiki, la petite sorcière », « Nausicaä de la vallée du vent », etc. C'est pourquoi elle a commencé à apprendre le japonais au lycée.

**2.2.** Mika が Sophie に質問しています。①質問を聴いてフランス語を書きとってください。
② Sophie になったつもりで質問にフランス語で答えてください。答える時は質問に対する直接の答え＋αの情報を添えましょう。🎧 2-5

- 
- 
- 

**3.1.** 高校のころ (au lycée) または中学校のころ (au collège) について尋ねる質問 (Ex. どこに住んでいたか) を３つ作りましょう。

- 
- 
- 

**3.2.** クラスメートとやり取りしましょう。クラスメートから聞いた答えは書きとり、発表しましょう。

- 
- 
-

**4.** イラストを見て Mika になったつもりで週末にしたことを複合過去形と半過去形を使って言いましょう。

- 主語が je でない文については (  ) に主語になる名詞または代名詞を入れています。
- 半過去形の文はリストの中にあります (すべての表現が使えます)。
- 全体としてまとまりのよい話になるよう、適切な箇所に半過去形の文を入れ、必要に応じて時間表現や接続詞も加えて話を作ってください。

aller à la foire de France avec des amis

trouver plein de jolis objets importés de France

parler français avec un pâtissier français

(il = le pâtissier) comprendre mon français

ne rien acheter

(nous) manger une glace française

regarder le DVD d'Amélie emprunté dans un magasin de location vidéo

aimer encore plus la France et le français

半過去形のリスト： *Il faisait beau / J'étais très contente / Il y avait beaucoup de monde dans la salle / Le film était super / La glace était délicieuse / Comme je n'avais pas beaucoup d'argent*

---

**leçon 2** のアクティヴィティの補足表現と単語

commencer à + 動詞の不定詞：
 ～ (= à 以下の行為) を始める
pratiquer [動]：練習する
bandes dessinées [名女複]：漫画
à cette époque-là：当時 (その時代)
c'est pourquoi ～：そういうわけで～

foire [名女]：フェア
plein de + 人・もの：たくさんの～
glace [名女]：アイスクリーム
emprunté < emprunter [動]：借りる
location [名女]：借りること

**1.1.** フランス語を聴いて .......... に適切な言葉を入れましょう。🎧 2-6

A. Akira n'est pas là. ............................-lui un .................................

Il ............................ dès qu'il ................................

message.

B. Nous ............................................ le dîner dès que notre ............................ ............................

............................ à la .............................

C. ............................ amis ............................ au Japon ............ été. J' ............ les

............................ à la ............................ quand ils ............................................ Kyoto.

**1.2.** A, B, C のそれぞれについて、①どんな状況になったら、②誰が何をすることになるのか、
をまとめましょう。

① どんな状況になったら？　　　　　② 誰が何をすることになる？

A.

B.

C.

**2.1.** 天気予報で使われる天候・気候の表現を覚えましょう。🎧 2-7

il y a du brouillard　　il y a une averse　　le ciel est couvert　　Il y a des éclaircies
　　　　　　　　　　　(des averses)　　= il y a des nuages　　= il y a du soleil de temps en temps

**2.2.** フランス語の天気予報を聴いて該当する都市の名称を書きましょう。🎧 2-8

a.　　　　　　　　　　　b.　　　　　　　　　　　c.

Rouen

Strasbourg

Marseille

**3.1.** Mika がフランス語で書いた日記を読んで質問に答えてください。

Le 11 mai 2022

J'ai tellement envie d'aller en France, de visiter Paris et ses beaux monuments ! Je pourrai y aller cet été ? Non, ce ne sera pas possible parce que le voyage en Europe coûte cher... Alors, je devrai d'abord gagner de l'argent pour mon voyage. Cet été, je travaillerai dans un grand magasin pendant deux mois et je partirai en France l'année prochaine, en février ou en mars ! Je visiterai la Tour Eiffel, les Champs-Élysées, le Louvre, Montmartre, le Quartier latin. Je me promènerai aussi sur les quais de la Seine... Ah ! J'irai probablement voir les parents de Sophie qui habitent à Nice...

 y = en France  les parents de Sophie *qui* habitent à Nice : qui（=who［英］関係代名詞）

· Cet été, Mika pourra-t-elle voyager en France ? Pourquoi ?

· Qu'est-ce qu'elle devra faire pour faire un voyage en France ?

· A part la visite de la capitale, qu'est-ce qu'elle fera en France ?

**3.2.** ........ に適切なフランス語を入れて Mika の日記の内容をフランス語で要約しましょう。使う言葉のリストは下にあります。動詞は不定詞のままになっているので、必要に応じて形を変えてください。

Mika ................. vivement voyager en France, mais elle ne ................. pas y aller ............. été, ...................... qu'elle n'a pas suffisamment d'.................. pour y rester longtemps. Alors, elle ...................... de ...................... le coût du voyage ...................... les vacances d'été pour ...................... en février ou en mars.

> リスト：*décider, partir, espérer, pouvoir, gagner, cet, argent, pendant, parce*

---

**leçon 3** のアクティヴィティの補足表現と単語

| | |
|---|---|
| envoyer 動：(郵便やメールなどを) 送る | gagner 動：手に入れる、勝ち取る |
| brouillard 名男：霧 | argent 名男：お金、銀 |
| averse 名女：にわか雨 | quai(s) 名男：岸辺 |
| couvert 形：覆われた、曇った | espérer 動：希望する |
| toute la journée：一日中 | vivement 副：強く |
| tellement 副：とても | suffisamment de ＋ 人・もの：十分な〜 |
| avoir envie de ＋ 動詞の不定詞：〜をしたいと思う | coût 名男：費用 |
| coûte < coûter 動：費用がかかる | |

**1.** フランス語を読んで太字の人称代名詞が指しているものをイラストから選びましょう。

1. On *l'*offre le premier mai.

2. On *le* prend pour aller en France.

3. Les étudiants ne *les* aiment pas toujours.

4. Au Japon, les enfants ne *les* aiment pas beaucoup.

5. On ne peut pas se passer de *ça* dans la vie quotidienne.

6. Les enfants *lui* demandent de leur donner un beau cadeau.

7. On *leur* donne du lait quand ils ont faim.

a.　　　　　b.　　　　　c.　　　　　d.

e.　　　　　f.　　　　　g.

**2.1.** フランス語を聴いて次の会話を完成させましょう。🎧 2-9

A- Tu ........................... Marianne ?

B- C'.................. .................. amie .................. Sophie ?

A- Oui, c'est ça.

B- Je .................. ................................. . Pourquoi ?

A- Je ........................... une idée de cadeau à .................. ................................. .

　　Tu ........................... .................. aider ?

B- Bien sûr ! C'est ........................... son ................................................ ?

A- Oui, tu sais ce qui .................. plaît ?

**2.2.** 何について話していますか？

**2.3.** 会話の練習をしましょう。

**2.4.** Marianne を Pierre et Céline に代えて会話を書き換えましょう。

**3.** 例を参考にしてフランス語の依頼文を作りましょう。

　例 しなければならないこと：Marianne の誕生日プレゼントを探す
　　サポート内容：プレゼントのアイデアを探す (chercher une idée de cadeau) のを手伝っ
　　　　　　　てもらう
　　　　　　　⇒ Je cherche une idée de cadeau à offrir à Marianne. Tu peux m'aider ?

**3.1.** 自分がしなければならないこと：フランスのホームステイ先に自己紹介メールを送る
　　　　　　　　　　　　　(devoir envoyer un mail de présentation à sa famille d'accueil)
　　サポートしてもらう人：フランス人の先生
　　サポート内容：フランス語のチェック (relire son mail)


**3.2.** 状況：来週フランス語のオーラルテスト (test oral de français) がある
　　サポートしてもらう人：フランス人の友人
　　サポート内容：会話練習を手伝う (s'entraîner à faire des dialogues)



**4.** 補語人称代名詞を使って答えましょう。質問に答える時は必ず＋αの情報を添えましょう。

**4.1.** Je viens de voir *La reine des neiges 2*. C'était super ! Tu l'as vu ?

**4.2.** Pendant les vacances de printemps, nous sommes allés à Paris et avons
　　visité le Louvre. C'était magnifique ! Vous l'avez déjà visité ?



**4.3.** Je viens de rendre mon rapport au professeur. Tu lui a rendu le tien ?
　　le tien「君のもの」= ton rapport, le tien は所有代名詞、「私のもの」は le mien（⇒ leçon 8)


---

┌─ **leçon 4** のアクティヴィティの補足表現と単語 ─

muguet 名男：すずらん　　　　　　　　relire 動：読み直す
se passer de ＋もの：〜なしですませる　　s'entraîner à ＋動詞の不定詞：
famille d'accueil 名女：ホストファミリー　　　〜する練習（トレーニング）を行う

**1.1.** フランス語を聴いて.........を埋め会話を完成させましょう。食品とその単位についてはリストの単語から選んでください。🎧 2-10

— Eh bien. Qu'est-ce qu'on va ............................... au supermarché ?
   Du ............, des ........................... ...
— On va aussi ..................... des ..................., du ..................... et ............ ............
   ........................... .
— Bon. On va donc acheter un ..................... de lait, un ..................... de
   ........................., une ................... d'œufs, une ..................... de
   beurre et un ............ de ..................... .
— N'oublie pas de noter la crème ..................... . On ............ a besoin pour faire
   de la mousse au chocolat.
— D'accord. Un ..................... ............ crème fraîche. C'est noté. On y va !

> リスト : *confiture, œufs, beurre, lait, crème, litre, pot,*
> *céréales, douzaine, demi-livre, fraîche*

**1.2.** スーパーで買うものとその分量 (単位) を書き出しましょう。6つあります。

- ............................  · ............................
- ............................  · ............................
- ............................  · ............................

**1.3.** 会話を練習しましょう。

**2.** フランス語を聴いてやり取りが行われている場所の記号を選びましょう。🎧 2-11

1. ...................  2. ...................  3. ...................

a. パン屋
b. 観光案内所
c. 市場
d. レストランまたはカフェ

**3.** 例にならって中性代名詞 en または y を使って次の質問に答えましょう。
答える時は質問に対する直接の答え＋αの情報を添えましょう。

Ex. *Vous êtes déjà allé(e) à Tokyo Disney Land ?*
*—Non, je n'y suis jamais allé, mais je vais y aller cet été avec des amis.*

**3.1.** Vous êtes déjà monté à la Tour Eiffel ?

**3.2.** Vous avez déjà mangé du foie gras ?

**3.3.** Vous avez déjà bu du cidre ?

**3.4.** J'ai besoin de répéter plusieurs fois pour mémoriser les phrases de français.
Et vous ?

**3.5.** Je pense souvent à mon avenir. Et vous ?

**4.** 例を参考にして autant que ... を使い許可を与える文を作りましょう。
質問に対する直接の答えに＋αの情報を加えて答えの文を作りましょう。

Ex. *Les boules de riz sont très bonnes ! Je peux en prendre encore une ?*
*—Oui, tu peux en prendre autant que tu veux.*

**4.1.** （友人に）Ton gâteau au chocolat est très bon ! Je peux en prendre une autre part ?

**4.2.** （ルームシェアしている相手に）Écoute. Mon copain joue de la guitare 3 jours par
semaine dans une boîte. J'aimerais bien aller le voir au moins une fois par
semaine. Je rentrerai peut-être très tard le soir. Ça ira ?

**4.3.** （娘が母親に）Maman, maintenant j'ai 20 ans.
Je voudrais voyager toute seule à l'étranger.

┌─ **leçon 5** のアクティヴィティの補足表現と単語 ─┐

pot 名男 ：びん
douzaine 名女 ：12 個
　une douzaine de～ 1 ダースの～
demi-livre 名女 ：500g の　livre ＝ 1kg
fraîche ＜ frais 形 ：新鮮な、フレッシュな
cidre 名男 ：シードル

plusieurs 副 ：いくつかの
part 名女 ：（ケーキやピザなどの）一切れ
au moins ：少なくとも
ça ira ? ：うまくいくだろうか（＝問題ないだろうか）？
toute seule ：一人だけで
　男性形は tout seul

11

**1.1.** フランス語を聴いてリストから選んで ......... に言葉を入れ会話を完成させましょう。
リストの不定詞の動詞は適切な形に活用してください。🎧 2-12

— Bonjour, monsieur. Je ..................... un sac de voyage.

— Quel type de sac de voyage ..................... -vous ?

— Je cherche un sac de voyage à ..................... .

— Ce ................. à ................. est très pratique. Il peut contenir beaucoup de choses.

— Eh…non, il est trop grand pour moi. Je ................. un sac de voyage ............. on ................. porter aussi ................. un sac à dos.

— Alors pourquoi pas le sac de voyage ............. est à droite de la petite valise ................. ? Il a des ............. et il ............. aussi de sac à dos.

— Oui, il me ............. bien. Il coûte ..................... ?

— C'est ............. euros.

> リスト：*préférer, chercher, plaire, servir, pouvoir, désirer, qui, que, qu', comme, combien, bagage, roulettes, noir, noire, 63, 73, 603, 6013*

**1.2.** 店員が最初に勧めたものと勧めた理由は何でしょうか？

**1.3.** 店員が最初に勧めたものは客が欲しいものと同じですか？同じでない場合、どこが違いますか？

**1.4.** 会話を練習しましょう。

**2.** フランス語を聴き、対話で話題の中心になっている人物またはもののイラストの記号を選びましょう。🎧 2-13

1.　　　　2.　　　　3.

a.　　　b.　　　c.　　　d.

e.　　　f.

**3.** 例文にならって相手の情報を訂正してあげましょう。

Ex.　A. ―Tiens ! Tu reviens de ton voyage en Espagne ?
　　　B. ―Mais non, c'est en Italie que j'ai fait un voyage !

**3.1.** Au lycée, Mika était dans le club de manga, n'est-ce pas ?
（Mika ではなく Sophie）

**3.2.** Sophie, tu es allée en excursion à Uji ?　（Uji ではなく Arashiyama）

**3.3.** Akira est allé au cinéma avec Sophie ?　（Sophie とではなく兄の Jun と）

**3.4.** Ce gâteau au fromage est délicieux ! Tu es une bonne pâtissière !
（作ったのは私ではなく私の母）

**4.** Mika のフランス語日記です。2 か所について関係代名詞を用いて書き換えましょう。

　　Aujourd'hui, j'ai fait une excursion avec Sophie et ses amis. Akira était aussi avec nous. Nous sommes allés à Arashiyama. Sophie aime beaucoup le paysage de cet endroit. Nous avons fait une bonne promenade dans la matinée. A midi, nous avons mangé un pique-nique (boules de riz et sandwichs). C'est nous qui l'avons préparé avant de partir. C'était très bon ! Sophie va m'envoyer ses photos. Elle les a prises là-bas. Ce sera un bon souvenir !

┌─ **leçon 6** のアクティヴィティの補足表現と単語 ─

sac de voyage 名男：旅行かばん　　　　servir 動：servir de ～　～の役目を果たす
contenir 動：含む　　　　　　　　　　roulette(s) 名女：キャスター
beaucoup de choses：たくさんのもの　　là-bas 副：そこで
trop 副：あまりにも～な　　　　　　　souvenir 名男：思い出
sac à dos 名男：リュックサック

**1.** 次の会話を聴いて練習しましょう。

A 🎧 2-14

Mika: Sophie, tu ne veux pas aller au cinéma ce soir ? J'ai deux billets d'invitation.

Sophie: Génial ! C'est pour quel film ?

Mika: *Plein soleil.* C'est une reprise.

Sophie: C'est bien ! Alors on se retrouve où ?

B 🎧 2-15

Luc: Ces makis sont délicieux ! Qui est-ce qui les a faits ?

Sophie: C'est Mika qui les a préparés.

Luc: Il y a du *surimi* dedans. J'aime bien ça.

Mika: Ça s'appelle *surimi* en France ? Nous l'appelons *kanikama*.

Luc: *Kanikama* ?

Sophie: *Kani* veut dire crabe. *Kama* est l'abréviation de *kamaboko*.

Mika: On l'appelle comme ça parce que ça ressemble à de la chair de crabe.

**2.1.** フランス語を聴いて次の会話の ............. に必要な言葉・表現を入れてください。🎧 2-16

Luc: Les ...................... japonais sont géniaux ! Ils sont propres, sûrs, en plus, les portes ........................ automatiquement !

Mika: Mais ............................. tu racontes ? C'est normal que les portes du métro ...................... automatiquement.

Luc: Mais non ! À Paris, les portes du métro ................................ automatiquement, mais leur ......................... n'est pas ............................. sur certaines ........................... : ............................ appuyer ................ le bouton ou tourner le levier pour ................... les portes.

Mika: Ah bon ?! Je ne ..................... pas. Et à Nice ..............., on ouvre les portes du métro ...........................?

Sophie: À Nice, il .................. de métros ............... des trams. Comme nos trams sont ..................., leurs portes s'ouvrent automatiquement.

**2.2.** 会話の内容をまとめましょう。

・会話のテーマ

・Luc が驚いていること

・Sophie の出身地の Nice の公共交通機関

**2.3.** 会話を練習しましょう。

**3.** リストの表現を活用して次の状況で言うべきことをフランス語にしてください。
作る文は1つとは限りません。

**3.1.** 通りに出ると人だかりがして騒がしい。警察の車も来ている。一体…？

**3.2.** 友人と知り合いを集めてパーティーを開いたんだけど、なんだか遠慮して料理をあまり食べ
てないみたい。もっとどんどんつまんでもらっていいんだけど…

**3.3.** 今度のフランス旅行で高校の語学研修の時にホームステイしたホストファミリーに3年ぶり
に会う。これまで連絡は2度しか取ってなかったんで僕のことは忘れちゃってるかなぁ…

**3.4.** フランスでよく食べるっていうアーティチョーク（artichaut）がおよばれの食事で出てきた。
一般的な食事で出てくる食材だって言うんだけど、コレナニ？どうやって食べるの？

> リスト：*se souvenir de, se ressembler, se passer, se manger, se servir de, se voir*

Ces toilettes sont net-
toyées et désinfectées
après chaque utilisation.
Les enfants de moins de 10 ans
doivent être accompagnés.
Temps d'utilisation maximum :
15 minutes.

> 左の説明書きを読み、フランス
> で公衆トイレを使うときに注意
> することを2つあげましょう。

---

**leçon 7** のアクティヴィティの補足表現と単語

reprise：名女 リバイバル

se retrouver：動 再会する（主語は複数）

abréviation：名女 略語

raconter：動 語る、口に出す

levier：名男 レバー、ハンドル

se servir de ~：代動（食物）を取る

　*cf.* se servir de ~「~を使う」という意味もある

servir 物 à 人：物を人に注ぐ／取り分けてやる

nettoyées < nettoyer：動 洗浄する

désinfectées < désinfecter：動 消毒する

15

**1.** 何をしながら次のことをするか、リストの表現をヒントにしてジェロンディフを使って文を作ってください。

**1.1.** Mon père / prendre son bain

**1.2.** Sophie et Marianne / faire leurs devoirs

**1.3.** Mon frère / conduire sa voiture

**1.4.** (自分の家族 nous を主語にして) / dîner

リスト: *regarder la télé, jouer avec son smartphone, écouter de la musique avec son smartphone, parler avec des amis, parler au téléphone, chanter*

**2.** 例を参考にして相手の発言に対する返答を作りましょう (自分の状況に合わせて答えを作ってください)。

Ex. *J'aime beaucoup la K-pop.* — *Moi aussi, j'aime bien la K-pop.*
　　　　　　　　　　　　　　 — *Moi, je préfère les tubes français.*

*Nous n'aimons pas beaucoup parler avec des gens.*
　　　　　　　　　　— *Moi non plus, je n'aime pas parler avec des gens.*
　　　　　　　　　　— *Moi, j'adore parler avec des gens.*

**2.1.** Je me réveille tôt le matin même les week-ends.

**2.2.** Je ne mets pas de sucre dans mon café.

**2.3.** J'adore me promener à vélo.

**2.4.** Chez nous, nous prenons notre petit déjeuner tous ensemble.

**3.** 例を参考にして対話を作りましょう。

Ex. *Tu mets quelque chose dans le café ?*
　　*— Non, je ne mets ni sucre ni lait dans mon café.*
　　*Qu'est-ce que vous faites le week-end ?*
　　*— Moi, je ne vais (pas) au cinéma ni ne fais de shopping. Je reste chez moi.*

**3.1.** Au petit déjeuner, je mange des tartines avec du beurre et de la confiture et je bois du thé au lait. Et toi ? （朝はパンも米も食べない。水だけ飲む。）

**3.2.** Cet été, j'ai fait un petit tour en Europe. C'était super ! Et toi ?
（国内も海外も旅行していない。バイトしただけ。「国内」：dans mon pays, 「海外」：à l'étranger, 「〜するだけ」：ne faire que + inf.）

**3.3.** Qu'est-ce que tu fais chez toi après ton petit boulot ?
（テレビも見ない、ネットもしない。寝るだけ。「ネットする」：surfer sur le net）

**4.1.** フランス語を聴いて次の会話の ............. に必要な言葉を入れてください。🎧 2-17

(Mika, Sophie et Luc sont à la cafétéria après les cours du matin.)

Mika: Tiens ! Je ne ........................ pas ma trousse. Je croyais l'........................ dans mon sac…

Sophie: Comment est ta trousse ?

Mika: Elle est ........................ à pois ........................ .

Luc: Ce ........................ pas ........................ qui est ........................ du dictionnaire ?

Sophie: Non, elle est ........................ . Ma trousse est rouge, mais elle n'est pas à pois. ........................ est rouge à pois ........................ .

Akira: Bonjour ........................ ! Mika, tu n' ........................ pas ........................ hasard ta trousse ? J'ai ramassé ça dans la salle de classe ........................ le cours de français.

Sophie: C'est ........................ ?

Mika: Ah oui ! C'est ........................ ! Merci beaucoup Akira.

**4.2.** 会話の内容をまとめましょう。

**4.3.** 会話の練習をしましょう。

**4.4.** 次の条件で会話を書き換えましょう。

話している人：Luc, Mika, Sophie と Marianne（後から合流）
見つからないもの：Sophie の sacoche (f.)、青の革製 [en cuir]
― 自分のバッグの横に置いていたと思っていた
― Mika も青の sacoche をもっているがナイロン製 [de nylon]
― Marianne がトイレの洗面台 [lavabo (m.)] の横で発見

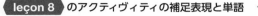

**leçon 8** のアクティヴィティの補足表現と単語

tartine(s)：名女 スライスしたパン　　trousse：名女 物入れ・ペンケース

**1.** リストの文の表現を活用し、例にならってお詫びする文を作りましょう。

Ex. *Je te dérange.* ⇒ *Excuse-moi de te déranger.*

**1.1.** 遅れてごめんね！


**1.2.** 夜遅く電話してすみません。


**1.3.** 先週末のパーティーに欠席してごめんね。


**1.4.** 期限すぎてレポート提出して申し訳ありません。


リスト：*J'ai été absent(e) de la soirée du week-end dernier. / J'ai dépassé le délai pour rendre mon rapport. / Je suis en retard. / Je vous téléphone tard.*


**2.1.** フランス語を聴いて次の会話の ............ に必要な言葉を入れてください。🎧 2-18

Akira: Bonjour Marianne ! Comment ça va ?

Marianne: Ça va bien, merci. Et toi ?

Akira: Je vais bien merci. Tu ............................... voir la comédie ................................ avec Sophie et Mika ............... soir ?

Marianne: Oui, oui. J'........................ allée avec elles.

Akira: J'............ bien ............... y aller moi-aussi si je n'............................ pas ............ mon petit ................... ! Et le spectacle était bien ?

Marianne: Oui, pas ..........., mais…

Akira: Mais… ?

Marianne: ............ l'acteur principal ........................ un peu plus ......... et ............, ç'........................ parfait !

Akira: C'est là, le ........................ ?

Marianne: Mais le ..................... de l'acteur principal, c'est ........................, n'est-ce pas ?

18

**2.2.** 会話の内容を整理しましょう。

・会話のテーマは？

・会話している Akira と Marianne は昨夜 Sophie, Mika に同行しましたか？

・同行した人は昨夜の催し物をどのように評価していますか？それは何故ですか？

**2.3.** 会話の練習をしましょう。

**3.** リストの表現をヒントにして、例を参考に次の状況でやんわり「お願い」または「アドバイス」をしましょう。

　　Ex. *Si j'étais toi, je réserverais ce week-end à la révision du cours de japonais.*
　　　*Tu devrais réserver ce week-end à la révision du cours de japonais.*
　　　*Tu ferais mieux de réserver ce week-end à la révision du cours de japonais.*
　　　*Pourriez-vous nous aider à porter ces bagages ?*
　　　*Vous seriez gentil(le) de nous aider à porter ces bagages.*

**3.1.** 友人が明朝始発の新幹線 (premier shinkansen) に乗らないといけないのに夜更かししようとしてる。

**3.2.** フランスから日本への旅行の初日。新幹線の最終 (dernier shinkansen) で京都駅に着く予定だが、泊めてくれる友人の家までの道 (le chemin de ton appartement) をタクシーの運転手にうまく説明できるか (expliquer au chauffeur de taxi) 定かでない。

**3.3.** 今夜は冷え込むらしいのに娘は薄着で出かけようとしている。

リスト：*venir me chercher à la gare / te coucher tôt ce soir / emporter ton blouson*

┌─ **leçon 9** のアクティヴィティの補足表現と単語 ───────

déranger ～：動 ～を邪魔する　　　　emporter ～：動 ～をもっていく
faire mieux de ～：～する方がよい

19

**1.** リストの表現を活用して A の問い合わせに対する言い訳の文を 3 つ作ってください。

A: *Hier, je t'ai téléphoné vers 10 heures du soir, mais tu n'as pas décroché. Tu dormais ?*

リスト：*être en train de … / commencer à … / finir de … / être sur le point de …*

**2.** リストの表現を活用して大過去形にした文を加えて質問に答えましょう。1 つの問題に対して複数の答えができる可能性があります。必要な文や表現は補足してください。

Ex. *Tu es sorti hier soir ?*
— *Oui, je suis allé au ciné avec des amis. J'avais fini mon rapport dans l'après-midi.*

**2.1.** Hier soir, tu n'as pas mangé ta part de dessert ? Mais tu aimes beaucoup le dessert… ?

**2.2.** Tu n'es pas venu à la fête du week-end dernier. Qu'est-ce qui t'est arrivé ?

**2.3.** Pourquoi es-tu arrivé avec 30 minutes de retard à la gare ? On avait rendez-vous à 15 heures.

リスト：*oublier mon portefeuille et revenir le chercher chez moi,
ne pas dormir la veille et être très fatigué, manger trop au dîner*

**3.** イラスト B 〜 D の下の表現の下線部の動詞を複合過去形にしてストーリーを作ってください（A → B → C → D の展開です）。リストの表現は半過去形または大過去形に活用して B 〜 D の話の補足説明を作り適切な箇所に加えてください。

A.

Je m'appelle Sylvain. Je viens du Canada. Je vais travailler comme enseignant d'anglais dans une école de langues à Osaka à partir du mois prochain.

B.  Ce week-end, (je) <u>faire</u> un petit tour dans Osaka.
(je) <u>visiter</u> le Château d'Osaka, le temple shintô Sumiyoshi et le quartier Dotombori. La ville d'Osaka me <u>plaire</u>.

C.  Le soir, (je) <u>manger</u> dans un bistrot à Umeda, un des grands quartiers commerçants d'Osaka.
Après le repas, (je) <u>retrouver</u> par hasard un ancien camarade de l'université.

D.  (nous) <u>être</u> ravis de nos retrouvailles et <u>échanger</u> nos coordonnées.

> リスト: *(la cuisine) être bonne /(il) être avec son jeune frère Akira / ne pas connaître la ville / (le quartier) être très animé / que (je) ne pas voir depuis la fin de mes études / venir de m'installer dans cette grande ville de l'ouest du Japon / (ce) être un japonais qui s'appeler Jun / être en train de faire l'addition quand*

**4.** ビストロで起こった出来事とその続きを Akira が Sophie に話しています。フランス語を聴いて会話の内容と合っているものに〇を、合っていないものに×をつけてください。🎧 2-19

1. Jun et son ancien camarade se sont échangé leurs adresses e-mail.

2. Son ami joue de la guitare comme Jun.

3. Jun et son ami allaient souvent au concert du jazz quand ils étaient étudiants.

4. Jun a envoyé un message à son ami mais n'a pas encore reçu la réponse de celui-ci.

> **leçon 10** のアクティヴィティの補足表現と単語
>
> décrocher：[動] 電話を取る　　　　　　retrouvailles：[名複] 再会
> à partir de 〜：〜から (現在以降の時期について)　reçu < recevoir：[動] 受け取る
> ravi：[形] 喜んでいる (状態)

**1.** 間接話法を用いて相手に簡潔に話をしてください。

**1.1.** Qu'est-ce qui s'est passé ? Tu peux m'expliquer ?

**1.2.** Si je me souviens bien, ta sœur ne mange pas de viande. Dis-moi :
pourquoi ne mange-t-elle pas de viande ?

**1.3.** Dites-moi : vous arrivez à la gare quand ?

**1.4.** Dis-moi : est-ce que ma proposition plaît à ta sœur ?

**2.** 例にならって話の内容を簡潔に表してください。

Ex. *C'est gentil de garder mon chat pendant le séjour de ma sœur à Kyoto.*
*Merci beaucoup Mika !*

（主語は Sophie）⇒ *Sophie remercie Mika de garder son chat pendant le*
*séjour de sa sœur à Kyoto.*

**2.1.** C'est gentil d'être venu me voir. Merci beaucoup !（主語は je）

**2.2.** Nous allons manger des okonomiyakis. Qu'en penses-tu ?

**2.3.** Mika m'a offert un billet d'invitation pour un film. C'est gentil !

**3.1.** フランス語を聴いて ............ に適切な語または表現を入れて会話を完成させてください。
リストの表現も活用してください。🎧 2-20

Mika: Mais tu n'as pas ........................................, Sophie ? Qu'est-ce que
........................................ ?

Sophie: Mon Gigi ......................... . Hier soir, je n'ai pas ............... l'............... de
la ................. .

Mika: Oh, là, là.

Akira: Comment ............... il ........................., ton chat ?

Sophie: Hier, je _____ dans le _____ à côté de mon appartement. Gigi était avec moi. Comme il_____, j'_____ lire un roman. Quand j'ai fini le chapitre 1, Gigi n'_____ plus _____.

Akira: Tu _____ as cherché _____ ?

Sophie: _____ que oui ! Je l'ai cherché _____, mais je ne _____ pas _____.

Mika: Alors on _____ préparer une _____ pour demander des _____ Gigi ?

リスト：*partout, au moins, annonce, là, bien sûr*

**3.2.** 会話の内容をまとめましょう。

**3.3.** 会話の練習をしましょう。

**3.4.** _____ をうめて会話の要約文を作りましょう。リストの表現も活用してください。

Un jour, Mika et Akira ont vu Sophie sur le campus. _____ celle-ci avait _____ mine, Mika lui a demandé _____ qu'elle _____. Elle lui a répondu qu'elle n'avait pas pu _____ _____ son chat disparu dans le parc à côté de chez elle. Mika lui a _____ de préparer une annonce pour demander des _____ sur son chat.

リスト：*à cause de... / renseignements / comme / dormir / mauvaise*

---

**leçon 11** のアクティヴィティの補足表現と単語

là：副 そこ、そこに
au moins：少なくとも
partout：副 いたるところに（で）
annonce：名女 お知らせ
un jour：ある日

répondu < répondre：動 答える
à cause de 〜：〜のせいで
disparu：disparaitre の過去分詞、姿を消した
renseignement(s)：名男 情報

**1.1.** フランス語を聴いて ............. に適切な言葉を入れて会話を完成させましょう。リストの語も
活用してください。 🎧 2-21

A- À quelle heure est-ce que l' ..................... sera ouvert le ..................... du congrès ?

B- Il sera ouvert à ................ heures ..................... . Les communications
commencent à ......... heures. Les participants ..................... s'inscrire entre
........ heures ............... et ............ heures.

A- Alors, il .............. suffira de ..................... 20 minutes ..................... l'ouverture
de l' ..................... .

C- Mais avant l'ouverture, nous devrons préparer l' ..................... de l'accueil :
..................... des participants, ..................... d'identité, de ............ écrire, etc. Il
..................... donc que nous ..................... au moins 1
heure avant l'ouverture, n'est-ce pas ?

A- C'est exact. Mais .............. pourra préparer ..................... est nécessaire
..................... du congrès.

C- Tu as ..................... .

B- Alors, nous allons ..................... à ......... heures ..................... ?

> リスト：*quoi, liste, raison, équipement, plaques*

**1.2.** 会話の内容をまとめましょう。

・会話のテーマは？

・AとCの主張は？

・結論は？

**1.3.** 会話の練習をしましょう。

**2.** リストの表現を活用して次の状況で発言すべきフランス語の文を作りましょう。必要に応じて
動詞は適切な形に活用させ、足りない言葉も補足してください。

**2.1.** （Mika に）あなたがフランスに来たら家に寄ってほしいわ。

**2.2.** 親友が留学生試験に合格した。すごい！おめでとうを言わなきゃね。

**2.3.** Akira がパーティーに来れないなんてがっかり…

**2.4.** 姉が日本に着いたみたい。飛行機の旅は問題なかったのよね…？

> リスト： *réussir au concours d'études pour l'étranger, passer chez nous, faire un
> bon voyage, ne pas pouvoir venir à la fête, J'espère…, Nous aimerions
> bien…. Je suis content(e)…, C'est dommage….*

**3.** 材料と日本語の手順を参考にして、①～⑳を並べかえてレシピを完成させましょう。

**Bûche de Noël au chocolat** チョコクリームのビュッシュ・ド・ノエル

## • **Ingrédients** 材料

### « **Biscuit** » ケーキ生地

4 œufs 卵4個    1 cuillère à café de levure chimique ベーキングパウダー小さじ1

100 grammes de sucre vanille バニラシュガー 100g

125 grammes de farine 小麦粉 125g

### « **Crème au chocolat** » チョコレートクリーム

180 grammes de chocolat noir ブラックチョコレート 180g

15 cl de crème liquide 生クリーム 150cc

## • 手順

—オーブンを180度に予熱する

—卵の白身と黄身を分ける

—白身を固く泡立てる

—卵の黄身と砂糖をもったりとするまで泡立てる

—黄身を泡立てたものに静かに小麦粉とベーキングパウダーを混ぜる

—泡立てた白身を加えてリボン状のメレンゲになるようにする

—予めバターを塗った天板にケーキ生地を流し入れ、ケーキ生地に焼き目が付くまで15分ほど焼く

—ケーキを焼いている間に小鍋に生クリームを入れて沸騰直前まで加熱する

—砕いたチョコレートに生クリームを加え、なめらかなチョコレートクリームになるまでよく混ぜる

—ケーキ生地をオーブンから取り出し、濡れ布巾に包んでロールケーキ状に巻き、冷ます

—ロールケーキが冷えたら、いったんロールケーキを広げ、チョコレートクリームの2/3を塗り、再度きっちりと巻いていく。ケーキの両端を切り、きれいな長方形に形を整える

—ケーキの上に残りのチョコレートクリームを塗り、フォークで薪の筋目模様をつける

① faites réchauffer la crème dans une petite casserole jusque juste avant l'ébullition.

② Séparez le blanc des jaunes.

③ Coupez les bords afin d'obtenir un joli rectangle.

④ Mélangez le sucre et les jaunes jusqu'à l'obtention d'un mélange mousseux.

⑤ et mélangez bien pour obtenir une crème homogène.

⑥ Ajoutez doucement la farine et la levure chimique au mélange.

⑦ Étalez l'appareil sur une plaque préalablement beurrée

⑧ Préchauffez le four à 180°.

⑨ Sortez le biscuit du four et roulez-le dans un torchon humide

⑩ Montez les blancs en neige.

⑪ pour qu'il prenne la forme de la bûche. Laissez-le refroidir.

⑫ Pendant la cuisson du biscuit,

⑬ Incorporez la crème au chocolat brisé

⑭ Lorsque le biscuit est refroidi,

⑮ déroulez-le et étalez-y les deux tiers du chocolat.

⑯ Roulez à nouveau le biscuit sur lui-même.

⑰ et faites le cuire pendant 15 minutes jusqu'à ce que le biscuit soit doré.

⑱ Incorporez les blancs au mélange pour obtenir un appareil en « ruban » mousseux.

⑲ Étalez le reste du chocolat sur le gâteau,

⑳ puis striez le dessus à l'aide d'une fourchette.

---

**leçon 12** のアクティヴィティの補足表現と単語

coupez < couper (切る), déroulez < dérouler (広げる), étalez < étaler (…に塗る),
incorporez < incorporer (入れる/加える), ébullition (沸騰), cuisson (調理すること),
plaque ([ネーム]プレート, 天板), torchon (布巾), striez < strier (筋をつける)

音声サイトURL

https://text.asahipress.com/free/french/leciel2_bessatu/index.html

## ル・シエル 2
### ―文法・語彙からコミュニケーションへ―
#### 別冊コミュニケーション練習問題集（非売品）

©2022年1月30日　初版発行

| | |
|---|---|
| 著　者 | 平嶋　里珂 |
| 発行者 | 原　　雅久 |

発行所　　　　　　　　　　朝日出版社
〒101-0065　東京都千代田区西神田 3-3-5
電　話　03 (3239) 0271
FAX　03 (3239) 0479
振替口座 00140-2-46008
http://www.asahipress.com/

組版・イラスト　Mio Oguma ／ 印刷　図書印刷㈱

〈落丁・乱丁本はお取り替えします〉

**1** 次の会話を読んで答えましょう。  1-31

Hélène — Sophie !

Sophie — Hélène ! Ça va bien ? Vous avez fait un bon voyage ?

Marc — Oui, tout s'est bien passé. Et toi, tu es en forme ?

S. — Oui, ça va très bien. Vous allez d'abord à l'hôtel ?

Philippe — Oui, nous voulons y déposer nos bagages, ensuite on ira visiter la ville.

S. — Vous avez déjà une idée pour votre visite d'aujourd'hui ? Si vous n'avez rien prévu, j'aimerais bien vous conseiller de visiter le château de Nijo. Ce n'est pas loin de l'hôtel et c'est très beau.

H. — Je suis entièrement d'accord ! J'y pensais moi-même.

Ph. — Pourquoi pas ! Dans mon guide, il est écrit que le château de Nijo est l'ancienne résidence du shogunat de Tokugawa qui possède plusieurs palais avec des portails impressionnants et de beaux jardins.

M. — En plus, le site entier est inscrit au patrimoine mondial de l'UNESCO.

1. 下線を引いた 5 行目と 9 行目の y はそれぞれ何を示していますか？

2. 4 人が二条城に行くことにしたそれぞれの理由を言ってみましょう。

3. 上の会話を練習しましょう。

**2** 上の会話の続きです。読んで答えましょう。  1-32

Philippe — Qui est-ce qui a donné l'ordre de construire ce château ?

Sophie — C'est Ieyasu Tokugawa qui a ordonné de le construire en 1601 et c'est en 1626, sous le shogunat d'Iemitsu, petit fils d'Ieyasu, que s'est achevée la construction du château tout entier.

Hélène — Et le palais Ninomaru et son portail ont été restaurés il y a quelques années.

Marc — C'est pourquoi ils sont splendides ! Je les trouve admirables !

1. 下線を引いた 2 行目の le, 7 行目の les が指しているものを文中の言葉で示しましょう。

2. フランス語で答えましょう。

　　1. Qui a ordonné la construction du château de Nijo ?

　　　....................................................................................................

　　2. Le château entier s'est construit sous le shogunat de qui ?

　　　....................................................................................................

　　3. Pourquoi Marc a-t-il trouvé beaux le palais Ninomaru et son portail ?

　　　....................................................................................................

● 補語となる代名詞の組み合わせ方（平叙文の場合）

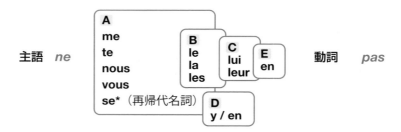

主語　*ne*　　　　　　　　　　　　　　　　動詞　*pas*

・組み合わせ可能なグループは重なり合っている部分で、使えるのは原則として各グループ **1** 個：

**― A + B**（1・2 人称間接目的補語または再帰代名詞＋ 3 人称直接目的補語）：

Il est beau, ce bouquet de fleurs ! -Merci. Ce sont mes amis qui me l'ont offert.

この花束きれいね！ ―ありがとう。友人達からもらったの。（⇐友人達が私にそれを贈ったのです）

**― B + C**（3 人称直接目的補語＋ 3 人称間接目的補語）：

Ce beau porte-clef est à ma fille. Sa meilleure amie *le lui* a offert comme souvenir de voyage.

このきれいなキーホルダーは娘のです。彼女の親友から旅行のおみやげにもらったんです。
（⇐彼女の親友が旅行のおみやげとしてそれを娘に贈ったのです）

**― B + D**（3 人称直接目的補語＋中性代名詞 y/en）：

Vos étudiants vont à la gare ? C'est loin. Je *les y* conduirai.

学生さん達は駅に行くんですか？遠いですよ。私が（彼らを）そこまで乗せていきましょう。

**― A + D**（1・2 人称補語人称代名詞＋中性代名詞 y/en）：

J'ai acheté 1 kilo de pommes. Je *t'en* donne quelques-unes.

1 キロりんごを買ったの。いくつかあなたにあげるわ。

**― C + E**（3 人称間接目的補語＋中性代名詞 en）：

Mes enfants adorent les pains au chocolat. Aujourd'hui, je *leur en* a acheté deux pour leur goûter.

私の子供たちはチョコパンが大好物です。今日は子供たちのおやつにチョコパンを 2 個買いました。

! * の再帰代名詞は y と組み合わされることが多い：Le théâtre…. Je ne *m'y* intéresse pas.
! 同じグループから 2 つ使うのは Il *y en* a の組み合わせのみ

・これ以外の人称の組み合わせをする場合は間接目的補語を構成するために **à** ＋人称代名詞強勢形を用いる

Hier soir, l'auteur de ce roman racontait sa vie dans une émission de télévision. Ma sœur s'est beaucoup intéressée *à lui*.

昨夜、この小説の著者がテレビ番組で自分の生涯について語りました。妹はこの著者にとても興味を持ちました。

## ～ Les Feuilles mortes ～

Oh, je voudrais tant que tu te souviennes
Des jours heureux où nous étions amis
En ce temps là la vie était plus belle
Et le soleil plus brûlant qu'aujourd'hui.

Les feuilles mortes se ramassent à la pelle
Tu vois, je n'ai pas oublié
Les feuilles mortes se ramassent à la pelle
Les souvenirs et les regrets aussi.

Et le vent du nord les emporte,
Dans la nuit froide de l'oubli.
Tu vois je n'ai pas oublié,
La chanson que tu me chantais...

C'est une chanson, qui nous ressemble
Toi tu m'aimais, et je t'aimais
Et nous vivions, tous les deux ensemble
Toi qui m'aimais, moi qui t'aimais.

Mais la vie sépare ceux qui s'aiment
Tout doucement, sans faire de bruit
Et la mer efface sur le sable
Le pas des amants désunis.

Mais la vie sépare ceux qui s'aiment
Tout doucement, sans faire de bruit
Et la mer efface sur le sable
Le pas des amants désunis.

*Great song* より

・ *Les Feuilles mortes*「枯葉」は 1945 年に Laurent Petit バレー団の舞台演目（Rendez-vous）の伴奏曲として Joseph Kosma が作曲したものが基になっています。後に同じ曲が映画 Les Portes de la nuit「夜の門」の音楽として使われた際に Jacques Prévert が作詞して 1946 年楽曲登録されました。

・ 映画の中でこの曲を歌っていたのが Yves Montand ですが、当時は映画も歌もヒットせず、Juliette Gréco が楽曲を取り上げて世に知られるようになりました。後に Montand の代表曲となっています。

・ この曲は Autumn Leaves の題名でジャズナンバーとしても広く知られています。

・ 歌詞の中には La chanson que tu me chantais「君が僕に歌っていた歌」Toi qui m'aimais「僕を愛していた君」moi qui t'aimais「君を愛していた僕」等、関係代名詞が複数使われています。

　Leçons 4 ～ 6 で学んだ文法事項を使うと会話や文章の流れが自然になり、さらに正確かつ端的に内容を表すことができます。また、会話や文章の内容理解が一歩進みます。

- ☐ a. 話題に出た事柄について話を続ける時に、同じ言葉を繰り返さず、かつ省略もせず、端的に必要な情報を示す
- ☐ b. 話題にしたい人・もの・場所などについて説明を加えた文を作る
- ☐ c. 買い物や日常的なやりとりなどで、同じ種類のものを比較したり違いを説明したりする
- ☐ d. 会話や文章の中で様々な代名詞が何を示しているか読み取れる

フランス文化 *Petit* 情報

## ▍パリの公園と緑化計画

　パリの大きさは東京の山手線内を少し超えるくらいですが、その中に 421 の様々な公園があり、総面積は 3000 ヘクタールを超えます。日本語のイメージから考えられる「公園」はフランス語では複数の言葉で表され、森林公園（bois）、公園（parc）、小公園（square）に分かれます。庭園（jardin）は本来建物に併設された私有の庭園を表す言葉でしたが、現在では公共の緑地を指す名称 jardin public として使われています。その他にも河川敷などの細長い緑地は遊歩道（promenade）と呼ばれています。

　パリの公園で最も古いものはルーヴル美術館に隣接するチュイルリー公園（Jardin des Tuileries）で、1564 年にアンリ 2 世の妃であったカトリーヌ・ド・メディシスの命により作られました。その後も時代に応じてさまざまな公園が建設されています。よく知られたものとして、リュクサンブール公園（Jardin du Luxembourg, 1630 年）、モンソー公園（Parc Monceau, 1778 年）、ブローニュの森（Bois de Boulogne, 1852-1858 年）、ビュット・ショーモン公園（Parc de Buttes-Chaumont, 1867 年）、ベルヴィル公園（Parc de Belleville, 1988 年）等があります。

　パリの公園は市民の憩いの場となっており、休日には多くの人が散歩やジョギングに訪れていますが、パリ市の一人あたりの緑地面積は 11.8m² で、ベルリン（27.4m²）やロンドン（26.9m²）、ニューヨーク（29.3m²）をかなり下回っています。このため、近年のヒートアイランド現象緩和等の目的もあり、最近では市の関係機関のオフィスや消防署などの緑化計画が進められています。アパルトマンの壁を樹木で覆ったり、ショッピングセンターなど大型の建物に屋上庭園を作ったりする試みも緑化の一環です。

パリ南東にあるモンスリ公園。憩いの場として休日には多くの市民で賑わいます。

データ出典：世界主要 30 都市・一人あたりの緑地面積ランキング（2018 年 12 月 17 日）https://worldscities.net/

# Leçon 7

## 視点をかえて語る

Leçon 7

 **MODÈLE 1** 🎧 1-33

La Tour Eiffel se trouve à Paris dans le 7ᵉ arrondissement. Elle a été construite par Gustave Eiffel en 1889, à l'occasion de l'Exposition universelle de Paris.

Alexandre
Gustave Eiffel

 **MODÈLE 2** 🎧 1-34

Les produits alimentaires japonais se vendent de plus en plus en France. On mange souvent des ramen, des sushis et des tempuras. Depuis quelques années, le poisson peut se manger cru dans certains restaurants à Paris comme au Japon.

 **MODÈLE 3** 🎧 1-35

Sophie : Bonjour Akira ! Mais tu n'as pas bonne mine. Ça ne va pas ?

Akira : Non, ce n'est pas ça. Je suis un peu fatigué. C'est tout.

Sophie : Mais qu'est-ce qui s'est passé ?

Akira : Certains camarades du lycée et moi, nous nous voyons de temps en temps. Hier soir, nous nous sommes vus à Umeda. Nous avons mangé, chanté et dansé jusqu'à 3 heures du matin.

Sophie : Oh, là là.

**Ⅰ** 　代名動詞 🎧 1-36 　（代名動詞の活用については巻末の動詞活用表及び *Le Ciel 1*, leçon 6 を参照）

・再帰代名詞を伴い変化する動詞で 4 つの用法がある

**◆再帰的用法**

・他動詞から作られる代名動詞で**主語の行動（＝働きかけ）が主語自身に及ぶ**ことを表す
・文中で再帰代名詞は直接目的補語または間接目的補語になる

Chaque matin, Sophie *se réveille* à 7 heures. Elle *se lève*, fait sa toilette et *s'habille*.

毎朝、ソフィーは 7 時に目を覚ます。起き上がり、洗顔し、服を着る。

＊se réveiller < réveiller「目を覚まさせる」、se lever < lever「起こす」、s'habiller < habiller「着せる」

●**その他よく使われる動詞**：se coucher「寝る」（coucher：寝かせる）、se brosser ＋ 補語「（歯を）磨く」/「（髪を）ブラッシングする」（brosser：ブラシをかける）、se connaître「自分を知る・自分のことが分かる」（connaître：[経験によって] 知る）

**◆相互的用法**

・主語は複数で**お互いの行動（＝働きかけ）が相手に及ぶ**ことを表す
・文中で再帰代名詞は直接目的補語または間接目的補語になる

Ma meilleure amie et moi, on *se voit* souvent dans un café où on *se parle* longuement.

親友と私はよくカフェで会い、長時間、話をする。

Qui *se ressemble* s'assemble.

類は友を呼ぶ。

＊se voir < voir「（人に）会う」、se parler < parler à 〜「（〜に）話す」、se ressembler < ressembler à 〜「（〜に）似る」

●**その他よく使われる動詞**：s'aimer「愛し合う」、se donner ＋ 補語「互いに…を与え合う」、se rencontrer「出会う・知り合いになる」

**◆受動的用法**

・他動詞から作られ、**ものを主語として受動的意味**を表す
・再帰代名詞は文法的には直接目的補語になるが、意味の上では主語の行為が自身に及ぶわけではない

En général, le poisson *se mange* cuit en France.

一般的にフランスでは魚は火を通して食べられる。

Où *se trouve* la clé ? - Elle est sur l'étagère.

鍵はどこにある？　－本棚の上にあります。

＊se manger < manger「食べる」、se trouver < trouver「見つける」

●**その他よく使われる動詞**：se fermer「閉まる」、s'ouvrir「開く」、se vendre「売れる」

**◆本来的用法**

・再帰代名詞の役割を文法的に分析できない代名動詞
・他動詞または自動詞から作られるものは基になる動詞と意味が異なる。再帰代名詞なしで用いることができないものもある
・再帰代名詞は多くの場合、複合形の過去分詞と性数一致する

Vous *vous souvenez du* jour où on s'est rencontrés la première fois ?

私達が初めて出会った日を覚えていますか？

Alors, je *m'en vais*. Au revoir !

じゃあ、行くよ。さよなら！

●**よく使われる動詞**：se passer「出来事が起こる」、se servir de...「…を使う」、s'en aller「立ち去る」、se réfugier「避難する」

・練習しましょう！　Exerçons-nous!

　1～3の主語に相応しい代名動詞（A群）と補語（B群）を結びつけて文を作りましょう。代名動詞は適切な人称に活用させ、作った文は日本語に訳しましょう。

| | **A** | **B** |
|---|---|---|
| **1.** Tu | s'aimer | automatiquement |
| **2.** La porte | se connaître | parfaitement |
| **3.** Pierre et Marianne | se fermer | passionnément |

## ② 受動態 🎧 1-37

・**能動態**は A が B に働きかける：A（**主語**）＋ 働きかけ（**動詞**）＋ B（**直接目的補語**）

　ⓔⓧ Mika a fait ce gâteau.　　　　　　ミカはこのお菓子を作った。

　　　Une nappe blanche recouvre la table.　白いクロスがテーブルを覆っている。

**受動態**は B が A から働きかけられる：| **B（主語）＋ être ＋ 過去分詞 ＋ par / de ＋ A（動作主）** |

　ⓔⓧ Ce gâteau *a été fait par* Mika.　　　このお菓子はミカによって作られた。

　　　La table *est recouverte d'*une nappe blanche.　テーブルは白いクロスで覆われている。

・**時制**は **être** で示される：

　Ce gâteau *a été* fait　⇒ 直説法複合過去形（avoir の直説法現在形 ＋ être の過去分詞）

　La table *est* recouverte　⇒ 直説法現在形（être の直説法現在形）

・基本的に**動作主**は **par** で導かれるが、**状態性の高い動詞の動作主**は **de** で導かれる

　*cf.* 状態性の高い動詞：aimer「愛する・好きだ」、(re)couvrir「覆う」、entourer「囲む」、etc.

・**動作主が示されない**ことも多い：Mon vélo *a été volé* hier soir.　昨夜自転車を盗まれたの。

・練習しましょう！　Exerçons-nous!

　適切な言葉を選んで日本語に合う受動態の文を作りましょう。

A. この本は 2011 年に出版された。

B. この本は 2025 年に出版されるだろう。

| | sera | | en 2011. |
|---|---|---|---|
| Ce livre | est | publié | |
| | a été | | en 2025. |

## ③ 疑問代名詞 🎧 1-38

・主語または直接目的補語として使われる

・quoi は que のヴァリエーションで**文末、前置詞に導かれる時**及び**省略文**で使う

| | 人 | もの |
|---|---|---|
| 主語 | Qui est-ce qui<br>Qui | Qu'est-ce qui |
| 補語 | Qui est-ce que<br>Qui | Que / quoi<br>Qu'est-ce que |

　*Qu'est-ce qui* vous est arrivé ?　　　　何があなたに起こったのですか？

　*Qu'est-ce que* vous cherchez ?　　　　あなたは何をお探しですか？

　*Quoi* de neuf ?　　　　　　　　　　　何か新しいことは（ある）？

**1** 日本語の意味に合うように、リストから適切な代名動詞を選び、正しく活用させて ........ に入れましょう。特に再帰代名詞の人称に注意しましょう。

1. Je ........................................ encore du sujet dont nous avons discuté pendant la réunion.
   私はミーティングで私達が話した話題をまだ覚えています。

2. Vous pouvez ................................ ce dictionnaire pour chercher des mots nouveaux.
   新しい単語を調べるためにこの辞書を使ってもいいですよ。

3. Ce modèle-là ............................... Pourquoi pas celui-ci qui est à la mode.
   そちらのモデルは売れていませんよ。こちらのはいかがですか？流行っています。

4. A cette époque-là, Luc et moi ................................ rendez-vous tous les quinze jours.
   そのころ、リュックと私は2週間ごとに会っていた。

> se donner, s'en aller, se servir de, se souvenir de, se vendre, se fermer

**2** 日本語の意味に合うように、リストから適切な疑問代名詞を選び ........ に入れましょう。

1. .......................................... faites-vous pendant les vacances d'été ?
   夏季休暇には何をしますか？

2. Je ne comprends pas de ......................... tu parles.
   あなたが何について話しているのか理解できません。

3. .......................................... ne va pas ?　　　何がうまくいかないのですか？

4. .......................................... c'est ?　　　これは何ですか？

> qu'est-ce que, qu'est-ce qui, que, qui, quoi

**3** 次の文を受動態に書き換えて日本語に訳しましょう。文中に出てくる人、事物等の意味も辞書やネットを活用して調べましょう。

1. Le comique Coluche a créé les Resto du Cœur en 1986.

   ....................................................................................................................

2. Tout le monde aime *Le Petit Prince* de Saint-Exupéry.

   ....................................................................................................................

3. On a commencé à construire la Cathédrale Sagrada Familia en 1882.

   ....................................................................................................................

**4** 次の文章を読んで土曜日の午前中にミカがしたことをまとめましょう。したことの理由が述べられていればその理由も添えましょう。

　　Samedi, Mika s'est réveillée à 7 heures. Mais elle est restée au lit jusqu'à 8 heures 30 parce qu'elle n'avait pas de cours. Après son petit déjeuner, elle s'est brossé les dents et a fait sa toilette. Ensuite, elle s'est promenée dans un parc près de chez elle. Il faisait assez chaud. Comme le parc était entouré de grands arbres, elle s'est réfugiée un moment sous l'ombrage.

# Leçon 8

文にさまざまなニュアンスを加える

**MODÈLE 1** 🎧 1-39

Sophie : À qui est ce café au lait ?
C'est à toi, Akira ?

Akira : Non, je ne mets ni sucre ni lait
dans mon café.

Sophie : Moi non plus. Je ne bois que
du café noir.

**MODÈLE 2** 🎧 1-40

(Sophie)

Le week-end dernier, j'ai fait une fête à la
maison avec mes amis. Ils sont venus chez
moi dans la soirée. En arrivant, ils m'ont aidée
à préparer les plats : sushis *chirashi* et
tempuras. Nous nous sommes beaucoup
parlé en mangeant.

**MODÈLE 3** 🎧 1-41

(Sophie, suite)

Nous avons surtout parlé de nos animaux
domestiques, car nous avons tous des chats !
Mika a une chatte au pelage tricolore qui
s'appelle Fuku. Akira a un chat tigré. C'est
pourquoi il l'a nommé Torakichi. Le mien
s'appelle Gigi parce qu'il est petit et tout noir.

## ① 現在分詞とジェロンディフ 🎧 1-42

● 現在分詞

・**作り方**：直説法現在形の **nous** の活用形の **-ons** を除いたもの＋ **-ant**（英語の -ing に当たる）

   ex chanter → chant*ant*, finir → finiss*ant*, aller → all*ant*, venir → ven*ant*, prendre → pren*ant*, faire → fais*ant*

   例外 être → ét*ant*, avoir → ay*ant*, savoir → sach*ant*

・**機能**：形容詞あるいは関係代名詞節のように名詞に意味を付加する

   ex les gens *ayant* plus de 65 ans　65 歳以上の人達

   *cf.* 過去分詞も形容詞的に使われることがある　une fille *vêtue* de bleu　青い服を着た女の子

● ジェロンディフ

・**機能**：現在分詞の前に前置詞 en をつけて使う**分詞構文**

・**意味**：①主文の**主語の行為と同時間帯に行われている行為**を表す

       ②主文の主語の行為の**理由、手段、条件、対立**を表す

・ジェロンディフの主語：原則として主文の主語と同じ

| | |
|---|---|
| Dans le train, je lis *en écoutant* de la musique. | 電車の中では、音楽を聴きながら本を読みます。 |
| Vous pouvez arriver plus vite à destination *en prenant* cette rue. | この道を通れば目的地にもっと速く到着しますよ。 |
| *En partant de chez lui plus tôt que d'habitude*, il est arrivé à l'heure à son bureau malgré l'embouteillage. | いつもより早く家を出たので、渋滞にもかかわらず、彼は時間通りに職場に着くことができた。 |
| *Même en mangeant* toute la journée, elle ne grossit jamais. | 一日中食べているのに、彼女はぜんぜん太らない。 |

下線部の動詞の不定形をジェロンディフにして日本語の意味に合う文を作りましょう。

| | | |
|---|---|---|
| À la maison, j'étudie { | écouter de la musique. | 音楽を聴きながら勉強する。 |
| | chantonner. | 鼻歌を歌いながら勉強する。 |
| | boire du café. | コーヒーを飲みながら勉強する。 |

## ② 否定のヴァリエーション 🎧 1-43

◆ **ne...plus**（＝ not...any more［英］）「もはや…ない」

| | |
|---|---|
| Il *n'*y a *plus* de glace dans le frigo. | 冷蔵庫にはもう氷がありません。 |
| Pierre *ne* travaille *plus* dans cette entreprise. Il a changé d'emploi. | ピエールはもうこの企業に勤めていません。彼は転職したんです。 |

◆ **ni...ni...**（＝neither...nor［英］）「…も…もない」

・ne と共に用いられ、活用した動詞以外の 2 つ以上の語を否定する

・直接目的補語につく不定冠詞と部分冠詞は省略される

| | |
|---|---|
| Pauline *ne* mange *ni* viande *ni* poisson. Elle est végétarienne. | ポリーヌは肉も魚も食べません。彼女は菜食主義者です。 |
| *Ni* lui *ni* moi *ne* pouvons venir à la réunion de mercredi. | 彼も私も水曜日の会議に出席することができません。 |

*cf.*

・同一の主語で行為が単純時制の動詞で表される場合は次のようになる

Mon père *ne* boit *ni ne* fume.　　　　　　　　　　　　私の父はお酒も飲まないしタバコも吸いません。

・追加あるいは補足として「〜もない」という場合は **non plus** を使う

Je ne mets pas de sucre dans mon café.　　　　　　　僕はコーヒーに砂糖は入れないんだ。

- Moi *non plus*.　　　　　　　　　　　　　　　　　　　－私もです（私もコーヒーに砂糖はいれません）。

◆ *ne...que* 〜 （= only / exclusively [英]）「〜しか…ない」

・部分否定といわれるが実際は **ne...que** で挟んだ語句を限定する

Dépêchons-nous ! Il *ne* reste *que* 5 minutes avant le départ du train.　　　　　　　　　　　　　　急ぎましょう！電車の出発まで5分しかありません。

Mon professeur de français *ne* boit *que* du vin comme alcool.　　　　　　　　　　　　　　　　　　　僕のフランス語の先生はアルコール（として）はワインしか飲みません。

・ne...pas や ne...plus と組み合わされて使うことも多い

J'adore le cinéma français, mais je *ne* regarde *pas que* des films français.　　　　　　　　　私はフランス映画は大好きだけど、フランス映画しか見ないわけではありません。

On *n'*a plus *que* 3 heures pour terminer le rapport.　　　　　　　　　　　　　レポートを終えるのにもう3時間しかありません。

## ③ 所有の表し方のヴァリエーション 🎧 1-44

◆ **être à** + 所有者

・人 / ものが所有者のものであることを表す

Ce sac est à Sophie.　　このバッグはソフィーのです。
Ces livres sont à moi.　　これらの本は私のです。

◆ 所有代名詞

・所有形容詞＋名詞に代わる　　le chat de Mika et *le mien* （= mon chat） ミカの猫と私の（猫）
・常に定冠詞をつけて使われる　　ma mère et *la sienne* （= sa mère） 私の母と彼の（母）
・性数の区別がある

| | je | tu | il/elle | nous | vous | ils/elles |
|---|---|---|---|---|---|---|
| 男・単 | *le mien* | *le tien* | *le sien* | *le nôtre* | *le vôtre* | *le leur* |
| 女・単 | *la mienne* | *la tienne* | *la sienne* | *la nôtre* | *la vôtre* | *la leur* |
| 男・複 | *les miens* | *les tiens* | *les siens* | *les nôtres* | *les vôtres* | *les leurs* |
| 女・複 | *les miennes* | *les tiennes* | *les siennes* | | | |

練習しましょう！  Exerçons-nous!

下線部の単語を所有形容詞に換えて語句を読みましょう。

1.　mon frère et <u>votre frère</u>　　　　　→

2.　sa maison et <u>leur maison</u>　　　　　→

3.　les parents de Miki et <u>nos parents</u>　→

**1** 日本語の意味に合うように、リストから適切な語句を選んで ……… に入れましょう。同じ語句を何度使ってもかまいません。

1. Ce soir, je ………… sors ………… ………… regarde la télé : je dois finir mon rapport avant demain.
   今夜は外出もしないしテレビも見ません。明日までにレポートを終えないといけないんです。

2. Hélène aime beaucoup les jeans. Mais elle ………… porte ………… ………… des jeans. Elle porte de temps en temps une jupe.
   エレーヌはデニムが大好きです。でも彼女はデニムしかはかないわけではありません。時々はスカートをはいています。

3. Après 17 heures, nous ………… buvons ………… café ………… thé. Nous ………… pourrons ………… dormir.
   17 時過ぎたら、私達はコーヒーも紅茶も飲みません。眠れなくなるだろうから。

4. Je ………… pourrai ………… venir à la fête de ce week-end. Et toi ? - Moi ………… ………… .
   僕は今週のパーティーには行けそうにないよ。君は？ 　－僕も行けないと思う。

> ne, ni, non, que, pas, plus

**2** 例に従って質問に答えましょう。

ex À qui est ce sac ? (je) - Il est à moi.

1. À qui est cette voiture ? (tu) ...................................................
2. À qui sont ces chaussures ? (il) ...................................................
3. À qui est ce portable ? (elle) ...................................................
4. À qui sont ces livres ? (elles) ...................................................

**3** ジェロンディフを用いて 2 つの文を 1 つにするか、または文の一部をジェロンディフで書き換えましょう。出来上がった文は日本語に訳しましょう。

1. Akira lit un roman français. Il consulte le dictionnaire.
   ...................................................

2. Vous arrivez à la gare si vous tournez à droite au carrefour.
   ...................................................

3. Il dort beaucoup. Mais il ne peut pas se réveiller à l'heure prévue.
   （même を添える：p.38 の例文参照）
   ...................................................

**4** 指示に従って質問に答えましょう。

1. Mes parents habitent à Okayama. Et vos parents ? 　（所有形容詞を使う：福井に住んでいる）
   ...................................................

2. Après le repas, vous voulez du gâteau ou du fromage ?
   （結構です［Non merci］：ケーキもチーズも食べない）
   ...................................................

3. Tu aimes faire le ménage ? 　（Oui：音楽を聴きながら掃除するのが好き）
   ...................................................

# Leçon 9

ありそうもないこと・確信の度合いが低いことを語る

**MODÈLE 1** 🎧 1-45

Luc : Sophie, tu ne veux pas aller au cinéma ce week-end ? Je vais y aller avec mes copains américains.

Sophie : Ah bon...mais nous avons un test de japonais lundi prochain. Tu n'as pas besoin de réviser ?

Luc : Pas de problème ! On a encore du temps.

Sophie : Ah, bon ? Mais tu sais que notre professeur est assez sévère. Si j'étais toi, je réserverais ce week-end aux révisions. Tu ne voudrais quand même pas rater ton test ?

Luc : Oui... Tu as raison. J'irai au cinéma le week-end prochain...

**MODÈLE 2** 🎧 1-46

Luc : Sophie, tu comprends ce que veut dire cette expression japonaise ?

Sophie : Euh...je ne m'en souviens plus. On va demander à Mika ?

Allô Mika ? Qu'est-ce que tu fais maintenant ?

Mika : Bonjour Sophie. Je révise pour le test de français.

Sophie : Ah bon ! Excuse-moi de te déranger. Tu pourrais nous expliquer le sens de quelques expressions japonaises pour notre test.

Mika : Avec plaisir !

41

### 1　条件法現在形 🎧 1-47

● 作り方：直説法単純未来形の語幹＋《 r 》＋直説法半過去形の活用語尾

（*-ais, -ais, -ait, -ions, -iez, -aient*）

◆ **-er** 型の規則動詞の語幹：

> ⓔⓧ aimer → j'aime**rais**, rentrer → je rentre**rais**, se promener → je me promène**rais**
>
> ⓒⓕ préférer → je préfére**rais**（新つづり字では je préfère**rais**）

◆ 語尾が **-ir, -re, -oir** になる動詞の語幹：

> ⓔⓧ finir → je fini**rais**, partir → je parti**rais**, prendre → je prend**rais**, mettre → je mett**rais**,
> attendre → j'attend**rais**, devoir → je dev**rais**

◆ 特殊な語幹をもつもの：

> ⓔⓧ venir → je viend**rais**, voir → je ver**rais**, pouvoir → je pour**rais**, vouloir → je voud**rais**,
> mourir → je mour**rais**, aller → j'i**rais**, avoir → j'au**rais**, savoir → je sau**rais**, faire → je
> fe**rais**, être → je se**rais**

| aimer | | finir | | aller | | avoir | | être | |
|---|---|---|---|---|---|---|---|---|---|
| j' | **aime**rais | je | **fini**rais | j' | **i**rais | j' | **au**rais | je | **se**rais |
| tu | **aime**rais | tu | **fini**rais | tu | **i**rais | tu | **au**rais | tu | **se**rais |
| il | **aime**rait | il | **fini**rait | il | **i**rait | il | **au**rait | il | **se**rait |
| nous | **aime**rions | nous | **fini**rions | nous | **i**rions | nous | **au**rions | nous | **se**rions |
| vous | **aime**riez | vous | **fini**riez | vous | **i**riez | vous | **au**riez | vous | **se**riez |
| ils | **aime**raient | ils | **fini**raient | ils | **i**raient | ils | **au**raient | ils | **se**raient |

● 用法：

・非現実的な仮定について、実現する可能性がないと推測される現在または未来の事柄を表す

| | |
|---|---|
| Si j'avais un peu plus de temps, j'*apprendrais* une autre langue étrangère. | もうちょっと時間があったら、もう一つ外国語を勉強するのに。<br>（実際には時間がないのでさらに外国語を勉強することはできない） |
| Sans toi, je *ne supporterais plus* cette situation. | あなたがいなかったら、この状況はもうがまんできないでしょう。 |

! 非現実的仮定は si + 半過去形または Sans...「…がなければ」などの句で表す

・確証がない現在または未来の事柄に対する推測を表す

| | |
|---|---|
| Noriko a quitté notre faculté. Elle *irait* faire ses études à l'étranger. | ノリコはこの大学をやめました。外国に留学するらしいです。 |

・依頼・希望等を婉曲的に表す（直説法単純未来形で表すよりさらに婉曲的）

| | |
|---|---|
| Je *voudrais* vous demander un service. | （あなたに）お願いしたいことがあるのですが。 |
| *Pourriez*-vous nous aider à porter ces bagages ? | （私たちが）この荷物を持つのを手伝っていただけませんか？ |
| Nous *aimerions* bien savoir à quelle heure l'accueil sera ouvert. | 何時に受付が開くか知りたいのですが。 |

**②** 条件法過去形 🎧 1-48

●作り方：助動詞（**avoir / être** の条件法現在形）＋ 過去分詞

| faire | | | venir | | |
|---|---|---|---|---|---|
| j' | **aurais** | **fait** | je | serais | venu(e) |
| tu | **aurais** | **fait** | tu | serais | venu(e) |
| il | **aurait** | **fait** | il | serait | venu |
| elle | **aurait** | **fait** | elle | serait | venue |
| nous | **aurions** | **fait** | nous | serions | venu(e)s |
| vous | **auriez** | **fait** | vous | seriez | venu(e)(s) |
| ils | **auraient** | **fait** | ils | seraient | venus |
| elles | **auraient** | **fait** | elles | seraient | venues |

＊助動詞の選択、過去分詞の作り方、過去分詞の性数一致については直説法複合過去形と同じ

●用法：

・非現実の仮定に対し、過去から現在までに実現する可能性がなかった事柄を表す

Si tu <u>ne m'avais pas aidé</u>, je *n'aurais pas accompli* ce projet.

あなたが私を手伝ってくれなかったら、このプロジェクトをやり遂げることはできなかったでしょう。

❗非現実の仮定は si ＋ 大過去形（Leçon 10）または半過去形で表す。上の例文の場合、次のように言うこともできる。

Si tu <u>n'étais pas</u> là, je *n'aurais pas accompli* ce projet.

・過去から現在までに起こったらしい事柄（確証がない事柄）を表す

Pierre habite maintenant à Singapour. Il y *aurait trouvé* un poste de professeur de français dans une école culinaire.

ピエールは今シンガポールに住んでいます。現地の料理学校でフランス語教師の職を見つけたらしいです。

・実現できなかった義務・希望・可能性を婉曲的に表す

J'*aurais* bien *voulu* vous voir, mais je n'ai pas eu le temps.

あなたにお会いしたかったのですが、その時間がありませんでした。

Tu *aurais dû* me le dire au préalable.

前もってそのことを私に言っておくべきだったでしょうね。

●練習しましょう！  Exerçons-nous! 🎧 1-49

**1.** 直説法現在形の活用を直説法単純未来形と条件法現在形の活用に換え、活用の違いが分かるように音読しましょう。

| tu viens / | il prend / |
|---|---|
| elle voit / | on veut / |
| nous pouvons / | vous devez / |

**2.** 発音された方を○で囲みましょう。

1. tu finiras ／ tu finirais
2. nous mangerons ／ nous mangerions
3. ils partiront ／ ils partiraient
4. vous ferez ／ vous feriez
5. elle arrivera ／ elle arriverait
6. vous irez ／ vous iriez

**3.** 下線部の動詞を条件法現在形にして丁寧な言い方にしましょう。

1. Vous <u>pouvez</u> venir demain matin à 9 heures ?
2. <u>Peux</u>-tu m'appeler ce soir avant 22 heures, s'il te plaît ?

**1** 日本語に合うように、リストから動詞を選んで適切な形に変えて ......... に入れましょう。a, b には同じ動詞が使われます。

1. a. Je ............................... être acteur !

   俳優になりたいなぁ！

   b. J'.............. ................. être acteur !

   俳優になりたかったなぁ！

2. a. Une conférence au sommet entre les deux pays ........................... lieu le mois prochain.

   来月、二国の首脳会談が行われる模様です。　avoir lieu：開催される

   b. Une conférence au sommet entre les deux pays ............................... lieu secrètement le mois dernier.

   先月、二国の首脳会談が極秘に行われた模様です。

3. a. Tu ........................... étudier un peu plus si tu as un test à passer la semaine prochaine.

   来週テストならもう少し勉強した方がいいんじゃないの？

   b. Tu ................... ................. étudier un peu plus si tu avais un test à passer la semaine dernière.

   先週テストだったんだからもう少し勉強しておくべきだったんじゃないの？

   > *avoir, être, rentrer, devoir, aller, pouvoir, vouloir*

**2** リストの表現を参考にして自由に文の続きを書きましょう（動詞は適切な形に活用させてください）。作ったフランス語の文の日本語の意味も添えましょう。

1. a. Sans toi, ...........................................................................................................

   日本語の意味：

   b. Avec toi, ..........................................................................................................

   日本語の意味：

2. a. Si tu étais là, ....................................................................................................

   日本語の意味：

   b. Si tu n'étais pas là, ..........................................................................................

   日本語の意味：

   > *la fête être plus gaie ; la fête être moins gaie ; je ne pas pouvoir réussir à l'examen ;*
   > *je ne pas rater l'examen ; je t'inviter à venir avec moi*

**3** 次のフランス語の文の太字の表現は改まったメールや手紙の中でよく使われます。表現の意味に注意しながら文全体を日本語に訳しましょう。

1. **Je vous serais reconnaissant(e) de** bien vouloir me faire parvenir ces documents avant le 16 septembre.

2. **Pourriez-vous avoir l'amabilité de** me faire parvenir le résultat des examens le plus rapidement possible ?

**1** 会話を読んで質問に答えましょう。  1-50

Sophie — Mais pourquoi n'es-tu pas venu à l'examen de ce matin ? Tu t'es réveillé trop tard ?

Luc — Mais non ! Ce matin, je me suis réveillé à 6 heures !

S. — Alors, qu'est-ce qui t'a empêché d'arriver à l'heure ? Tu n'allais pas bien ?

L. — Si ! (J'allais bien.) Je suis parti de chez moi une demi-heure avant l'heure habituelle. Mais en arrivant à la gare, j'ai appris une très mauvaise nouvelle : les trains ne circulaient plus depuis une heure à cause d'un accident.

S. — Pauvre Luc…mais dans ce cas-là, tu pourras demander une mesure d'exception avec laquelle tu devrais avoir la permission de passer l'examen.

L. — Oui, j'y pensais.

S. — Tu n'as qu'à montrer le justificatif de retard au bureau de la scolarité. Vas-y tout de suite.

L. — Merci Sophie. À tout à l'heure.

1. ソフィーがあわててリュックに話しかけているのはなぜですか？

2. それが起こった原因は何ですか？

3. 事件を切り抜けるために行かなければいけない場所とそこに提出しなければならないものを文中の言葉で書き出しましょう。

**2** 上の会話の練習をしましょう。

**3** 上の会話の続きです。読んで質問に答えましょう。  1-51

Sophie — Alors, ça y est ?

Luc — Non, ça n'a pas marché…

S. — Pourquoi ??? Tu n'as pas présenté ton justificatif ?

L. — Si je l'avais, je l'aurais présentée. Quand je suis arrivé au bureau, je n'ai pas pu la trouver. Je ne l'avais plus sur moi. J'ai dû la perdre en chemin.

S. — Alors, qu'est-ce que tu vas faire ?

L. — Je vais essayer d'expliquer au professeur ce qui s'est passé et de lui demander la permission de passer exceptionnellement l'examen.

1. リュックの申請がうまくいかなかったのはなぜですか？

2. 今後リュックはどうするつもりだと言っていますか？

● Leçons 7,8 で学んだ文法事項が含まれているフランス語の名言です。

Paris est tout petit pour ceux qui *s'aiment*, comme nous, d'un aussi grand amour.

パリは私たちみたいに愛し合う者たちには小さなものよ。

映画 *Les enfants du paradis*「天井桟敷の人々」より

Un vrai croissant, ça *s'achète* dans une boulangerie et pas dans un supermarché.

本物のクロワッサンはね、スーパーじゃなくてパン屋で買うものなのよ。

映画 *Une Estonienne à Paris*「クロワッサンで朝食を」より

Vous n'avez pas des os en verre. Vous pouvez *vous cogner* à la vie. Si vous laissez passer cette chance alors, avec le temps, c'est votre cœur qui va devenir aussi sec et cassant que mon squelette. Alors allez-y, nom d'un chien.

君の骨はもろくない。君は人生にぶつかっていける。このチャンスを逃してしまったら、時と共に君の心は僕の骨のようにひからびて壊れやすくなってしまう。さあ、行きなさい。ぼやぼやするんじゃないよ。

映画 *Le Fabuleux Destin d'Amélie Poulain*「アメリ」より

L'éducation ne *se borne* pas à l'enfance et à l'adolescence. L'enseignement ne *se limite* pas à l'école. Toute la vie, notre milieu est notre éducation, et un éducateur à la fois sévère et dangereux.

教育による人格形成は幼少期や青年期に限られるものではない。教育による学びは学校だけで行われるものではない。生涯にわたって、私達をとりまく環境が私達の人格を形成し、厳しく危険でもある教育者となるのだ。

Paul Valéry (1871–1945), *Variété III*『ヴァリエテ III』より

L'homme *n'*est *qu'*un roseau, le plus faible de la nature ; mais c'est un roseau *pensant*.

人間は自然の中で最も弱い葦にすぎない。だが、それは考える葦である。

Blaise Pascal (1623-1662), *Pensée*『パンセ』より

Les hommes *unis* à la fois par l'espoir et par l'action accèdent, comme les hommes *unis* par l'amour, à des domaines auxquels ils n'accèderont pas seuls.

希望と行動で結ばれた人間は、愛で結ばれた人間と同じく、一人では到達できないであろう領域に到達する。

André Malraux (1901-1976), *La Condition humaine*『人間の条件』より

**練習しましょう！**  Exerçons-nous!

・ どの文法事項がイタリック形の部分のポイントになっているか分かりますか？

・ 出典となる作品、作家について調べてみましょう。

## ~ Hymne à l'amour ~

Le ciel bleu sur nous peut s'effondrer
Et la terre peut bien s'écrouler
Peu m'importe si tu m'aimes
Je me fous du monde entier
Tant qu'l'amour inondera mes matins
Tant que mon corps frémira sous tes mains
Peu m'importe les problèmes
Mon amour puisque tu m'aimes

J'irais jusqu'au bout du monde
Je me ferais teindre en blonde
Si tu me le demandais
J'irais décrocher la lune
J'irais voler la fortune
Si tu me le demandais
Je renierais ma patrie
Je renierais mes amis
Si tu me le demandais
On peut bien rire de moi
Je ferais n'importe quoi
Si tu me le demandais

Si un jour la vie t'arrache à moi
Si tu meurs que tu sois loin de moi
Peu m'importe si tu m'aimes
Car moi je mourrais aussi
Nous aurons pour nous l'éternité
Dans le bleu de toute l'immensité
Dans le ciel plus de problèmes
Mon amour crois-tu qu'on s'aime

Dieu réunit ceux qui s'aiment

*Paroles. Net より*

・Hymne à l'amour「愛の賛歌」は作詞 Edith Piaf 作曲 Marguerite Monnot で 1950 年に発表されました。Edith Piaf の不朽の名曲として知られています。
・この曲は日本でも多数の歌手にカバーされています。訳詞には様々なバージョンがあり、越路吹雪が歌う岩谷時子の訳詞はかなり意訳されたものになっています。加藤登紀子や宇多田ヒカルは原詞にかなり忠実な訳詞を使っているようです。
・歌詞の中では、Si tu me le demandais「もしあなたが望むなら」が繰り返される第 2 バースで条件法が多数使われています。

47

Leçons 7 ～ 9 で学んだ文法事項を使うと、やり取りに様々な変化をつけ、微妙なニュアンスも表すことができるようになります。

- ☐ a. 一般的な文では目的補語になる名詞を主語にして話を展開する
- ☐ b. 手段・理由・条件を表す言い方にヴァリエーションをつける
- ☐ c. 2 つ以上の事柄を否定する
- ☐ d. 特定の事柄だけに限定して行為が行われることを表す
- ☐ e. 実現の可能性が低い事柄・事実か否かの確信が持てない事柄について述べる
- ☐ f. 実現できなかった希望や義務等を婉曲的かつ端的に表す
- ☐ g. 依頼・希望等をさらに婉曲的に表す

フランス文化 Petit 情報

## ▌交通手段と環境保護

　パリの代表的な乗物というとメトロ（地下鉄）を思い浮かべる方が多いでしょう。メトロがロンドンについでパリに導入されたのは 1900 年です。16 の路線で市内の各所や近郊の都市ともつながっており、住民だけでなくパリを訪れる人にとっても重要な交通手段になっています。

　10 年ほど前から新しい交通手段をパリの街中で見かけるようになりました。それが貸自転車です。Vélib'（ベリーブ）と呼ばれる貸自転車は 2007 年にパリ市によって導入されました。2018 年にリニューアルされたシステムでは、全体の 3 割が電動アシスト付き自転車になり、モンマルトルのような坂道でも楽に使用できるようになりました。Vélib' を使うには、まず専用のサイト、パス販売所、あるいは Borne と呼ばれる決済機能付の機械でパスを購入します。パスには 1 日、1 週間などいくつかの種類があり、年間契約も可能です。パリ市内に 1700 以上ある Vélib' のステーションで貸出手続きをして使用開始となります。貸自転車を導入したのはパリが初めてではありませんが、パリで成功したことによってフランス各地に同じようなシステムが広がりました。2018 年 6 月からは電動キックボード（trottinette［トロチネット］）もパリで導入され、何かと話題になっています。

　このような交通手段の使用がフランスで広がっているのは、実は大気汚染を緩和するためで、貸自転車やキックボード以外にも、路面電車（トラム）を復活させる、電動自動車（EV）の使用を加速するなど、さまざまな交通政策が実施されています。それでも、ディーゼル車の保有台数が多いフランスの大気汚染はなかなか緩和されず、自動車や工場の排ガス、暖房から排出される粒子性物質（いわゆる煤）が滞留してしばしば深刻な公害を引き起こしています。パリ市では毎月第一日曜日をノーカーデイにして、午前 10 時から午後 6 時までパリの 1 区〜 4 区とシャンゼリゼ大通りに車両の乗り入れを禁止していますが、大気汚染が深刻なレヴェルに達すると、電気自動車の共有制度や貸自転車の無料化と合わせて、車のナンバープレートを奇数偶数に分けて通行できる日を限定する、速度規制を行う等の規制が実施されます。

パリの Vélib'。緑色なので電動アシストなしのタイプです。

# Leçon 10

過去のある時点までにしたことを語る、動作の開始・継続・終了を表す

**MODÈLE 1** 🎧 1-52

Le week-end dernier, Akira et Jun sont allés voir un film américain à Umeda. Comme ils sont arrivés en retard au cinéma, le film avait déjà commencé.

**MODÈLE 2** 🎧 1-53

Après le film, ils sont allés manger dans un bistrot où ils n'étaient jamais entrés. Heureusement, le repas était très bon. Ils ont beaucoup mangé et bavardé.

**MODÈLE 3** 🎧 1-54

Ils étaient en train de discuter du film, quand un étranger s'est adressé à Jun. C'était un de ses camarades de classe qu'il n'avait pas vu depuis son retour au Japon.

**MODÈLE 4** 🎧 1-55

Ce jeune canadien venait d'arriver au Japon. Il commençait à travailler comme professeur d'anglais à Osaka.

**MODÈLE 5** 🎧 1-56

Comme ils n'avaient pas échangé leurs coordonnées, ils se sont donné leur adresse e-mail avant de se quitter.

## **1** 直説法大過去形 🎧 1-57

● 過去完了（完了、経験、結果の状態、継続）を表す
● 作り方：助動詞（avoir / être）の直説法半過去形＋過去分詞で作られる
  ＊助動詞の選択、過去分詞の作り方、過去分詞の性数一致については直説法複合過去形と同じ

| manger | |
|---|---|
| j' avais | |
| tu avais | |
| il avait | |
| elle avait | mangé |
| nous avions | |
| vous aviez | |
| ils avaient | |
| elles avaient | |

| aller | | |
|---|---|---|
| j' | étais | allé(e) |
| tu | étais | allé(e) |
| il | était | allé |
| elle | était | allée |
| nous | étions | allé(e)s |
| vous | étiez | allé(e)(s) |
| ils | étaient | allés |
| elles | étaient | allées |

| se lever | | | |
|---|---|---|---|
| je | m' | étais | levé(e) |
| tu | t' | étais | levé(e) |
| il | s' | était | levé |
| elle | s' | était | levée |
| nous | nous étions | | levé(e)s |
| vous | vous étiez | | levé(e)(s) |
| ils | s' | étaient | levés |
| elles | s' | étaient | levées |

● 用法
・過去の一時点までに完了していること「（すでに）〜していた・（まだ）〜していなかった」

Hier soir, nous sommes arrivés en retard au cinéma. Le film *avait* déjà *commencé*.

昨夜、私達は映画館に遅れて着いた。映画はもう始まっていた。

Ce matin, j'ai appelé mon père qui vit à Hongkong. Il *n'était pas* encore *parti de son appartement*.

今朝、香港にいる父に電話した。父はまだアパートを出ていなかった。

・過去の一時点までの経験「それまでに〜したことがあった・なかった」

Nous sommes entrés dans un bistrot où nous *n'étions jamais entrés*. Heureusement, le repas était bon.

私達はそれまで入ったこともなかった居酒屋に入った。運がいいことに、料理はおいしかった。

・過去の一時点までに事柄が起こった（起こらなかった）結果の状態
「（〜した結果）…だった /…になっていた /（〜以来）…していなかった」

Je suis passée chez Marianne ce matin, mais elle *était sortie*.

今朝、マリアンヌのところに寄ったけど、外出していた。

Le week-end dernier, Jun a retrouvé un de ses amis qu'il n'*avait* pas *vu* depuis son retour au Japon.

先週末、ジュンは日本に帰国して以来会っていなかった友人（の一人）に再会した。

・過去の一時点まで継続した事柄「（それまでずっと）…してきた / だった」

Mon père a été muté à Hongkong il y a un an. Jusque-là, il *avait* toujours *vécu* à Osaka.

父は1年前香港に転勤になった。それまで父ははずっと大阪に住んでいた。

 ▶ 練習しましょう！ （Exerçons-nous!）

日本語の意味に合うように動詞を大過去形に活用させましょう。

Quand je suis rentré à la maison,

**1.** 家族は夕食（le dîner）を終えていた 〈finir〉

**2.** 母は犬の散歩に（promener le chien）出ていた 〈sortir〉

## ② 行為の進行の仕方を表す動詞表現 🎧 1-58

・事柄が進行する段階を次の動詞表現で明示することができる

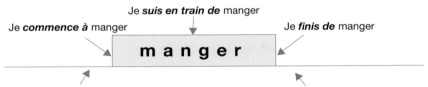

Je *suis en train de* manger

Je *commence à* manger          Je *finis de* manger

**m a n g e r**

Je vais manger / Je *suis sur le point de* manger          Je *viens de* manger

- ***aller*** + inf. / ***être sur le point de*** + inf. : 行為が始まる(直)前の状態を表す「〜するところだ」
- ***commencer à*** + inf.          : 行為の開始を表す「〜し始める」
- ***être en train de*** + inf.          : 行為が継続中であることを表す「〜しているところだ」
- ***finir de*** + inf.          : 行為の終了を表す「〜し終える」
- ***venir de*** + inf.          : 行為が終了したばかりであることを表す「〜したところだ」

・commencer à 〜 , finir de 〜 ⇒ すべての動詞時制形に活用できる

> ⓔⓧ J'*ai fini de* manger.  （私は）食べ終えた。
> Je *finirai de* manger.  食べ終えるだろう。
> Je *finissais de* manger.  食べ終えようとしていた。

・aller 〜 , être sur le point de 〜 , être en train de 〜 , venir de 〜

⇒ 直説法現在形、直説法半過去形にのみ活用できる

Akira et Jun *étaient en train de* discuter du film, quand un étranger s'est adressé à Jun.  アキラとジュンが映画について話していると、一人の外国人がジュンに話しかけてきた。

L'ami de Jun *commençait à* travailler à Osaka.  ジュンの友人は大阪で働き始めようとしていた / 働き始めたところだった。

J'*étais sur le point de* monter dans le train, quand mon portable a sonné.  電車に乗ろうとしたら、携帯電話が鳴った。

---

**・練習しましょう!**

上の例文を参考にして、次の動詞表現、動詞（事柄）を組み合わせて、**mon portable a sonné**「私の携帯電話が鳴った」時の様々な状況を語りましょう。状況を示す文の主語は下のリストを参考に自由に作ってください。

être en train de ...............
être sur le point de ...............          , quand mon téléphone a sonné.
commencer à ...............

> *manger à la cafeteria, partir de la maison, travailler dans un restaurant italien,*
> *parler avec des amis dans un café, arriver à la faculté, se coucher (hier soir)*

**1** 日本語の意味に合うように、リストから動詞表現を選び、複合過去形または半過去形に活用させて ........ に入れましょう。

1. Nous ........................................ discuter, quand Akira est entré en retard dans la salle.
   私達のディスカッションも終わるころ、アキラが遅れて教室に入ってきた。

2. Sophie et Mika ........................................ faire la queue à la caisse, quand celle-ci a remarqué qu'elle avait oublié son portefeuille.
   ソフィーとミカがレジに並ぼうとしていたら、ミカが財布を忘れたことに気がついた。

3. Mes parents ........................................ sortir dîner, quand mon frère les a appelés pour leur dire qu'il rentrerait à la maison dix minutes après.
   私の両親が食事に出かけようとしていたら、兄が 10 分後に帰宅すると両親に電話してきた。

4. Mika ........................................ parler avec Sophie, quand soudain, celle-ci a commencé à pleurer : son chat avait disparu le dimanche précédent.
   ミカがソフィーと話していると、突然ソフィーは泣き出した。先週の日曜日に飼い猫がいなくなってしまったからだ。

> commencer à, finir de, être en train de, être sur le point de

**2** A と B を結んで意味の通る文を作りましょう。文は日本語に訳しましょう。

| A | B |
|---|---|
| · Mika a eu une bonne note au test de français. | · Elle avait dansé et chanté toute la nuit. |
| · Sophie a été ravie de retrouver son chat. | · Elle avait mangé tard hier soir. |
| · Marianne avait l'air très fatiguée. | · Elle ne l'avait pas vu depuis 5 jours. |
| · Ma mère n'avait pas d'appétit ce matin. | · Elle avait beaucoup travaillé. |

**3** フランス語の文章を読んで質問に答えましょう。

　　Le chat de Sophie a été porté disparu la semaine dernière. Dimanche après-midi, Sophie est sortie se promener avec Gigi dans un petit parc à côté de chez elle. Assise sur un banc, elle a commencé à lire un roman. Elle pensait que Gigi jouait à ses côtés. Elle finissait un chapitre quand elle a remarqué que son chat avait disparu ! Elle l'a cherché partout, mais elle n'a pas pu le retrouver. Elle n'a pas pu dormir cette nuit-là en pensant à son chat. 5 jours plus tard, quand elle est rentrée chez elle, Gigi était blotti devant la porte de son appartement.

1. Où est-ce que Sophie est allée avec son chat dimanche après-midi ?

........................................................................................................................

2. Qu'est-ce qu'elle faisait quand il a disparu ?

........................................................................................................................

3. Sophie a retrouvé son chat tout de suite ?

........................................................................................................................

4. Où est-ce qu'elle a retrouvé son chat ?

........................................................................................................................

# Leçon 11

人の話を伝える

**MODÈLE 1** 🎧 1-59

Il y a quelques jours, j'ai vu Sophie. Elle avait l'air embarrassée et je lui ai demandé ce qui lui était arrivé. Mais elle était très pressée et elle m'a répondu qu'elle m'appellerait dès qu'elle serait rentrée chez elle. Ce soir-là, elle m'a dit au téléphone que sa sœur viendrait au Japon début décembre.

**MODÈLE 2** 🎧 1-60

Je lui ai demandé si elle n'était pas contente de voir sa sœur. Elle m'a répondu que si*, mais m'a dit que sa sœur déteste les chats. Elle se demandait ce qu'elle allait faire de Gigi pendant son séjour à Kyoto.

**MODÈLE 3** 🎧 1-61

Comme j'adore les chats, j'ai proposé* à Sophie de garder son chat pendant le séjour de sa sœur. Elle m'a beaucoup remercié pour cette proposition*. Alors, je lui ai dit d'amener son chat chez moi la veille de l'arrivée de sa sœur.

* については **Appendice** を参照

## **1** 直接話法と間接話法 🎧 1-62

●**直接話法**：話題になっている人（＝主節の主語）が述べた内容は « … » で囲まれそのまま表される

話題になっている人が
何かを述べたという事実 ↓          述べた内容 ↓

Akira dit à Mika : « Ce soir, je vais au concert avec mon frère Jun. »
アキラはミカにいう：「今晩、兄のジュンとコンサートに行くんだ」

●**間接話法**：«… » の中の内容が話題になっている人と語る人との関係に応じて捉えなおされ、**従属節**中に表される

**主節**：話題になっている人が
何かを述べたという事実 ↓          **従属節**：語る人の視点から
解釈された内容 ↓

Akira dit à Mika *que* ce soir *il va* au concert avec *son* frère Jun.

●**間接話法で変化するもの**
　・**人称と動詞の活用**：«… » の Je vais の je = Akira ⇒ il va
　　　　　　　　　　　　«… » の mon frère の mon = Akira ⇒ son frère
　・**語順**：従属節の語順は原則として SV
　・**平叙文の従属節**：**que** [= that] で導く
　・**疑問文の従属節**：形が変化する疑問詞（疑問表現）は以下の通り

　－疑問詞がない疑問文：**si** で従属節が始まる
　　Sophie me demande : « *Peux-tu* me téléphoner ce soir ? »
　　⇒ Sophie me demande *si je peux* lui téléphoner ce soir.　ソフィーは私に今晩電話してもらえるかと
　　　　　　　　　　　　　　　　　　　　　　　　　　　　　　聞く。

　－疑問表現がある場合、従属節は疑問表現で始まる。以下のものは形が変化する

**Qu'est-ce que / que ⇒ ce que**
　Mika demande à Akira : « *Qu'est-ce que* tu vas faire ce soir ? »
　⇒ Mika demande à Akira *ce qu*'il va faire ce soir.　ミカはアキラに今夜何をするのか聞く。
**Qu'est-ce qui ⇒ ce qui**
　Je demande à Sophie : « *Qu'est ce qui* t'est arrivé ? »
　⇒ Je demande à Sophie *ce qui* lui est arrivé.　私はソフィーに何が起こったのか聞く。
　*cf.* qui est-ce qui / qui est-ce que ⇒ qui
　Le secrétaire nous demande : « *Qui est-ce que* vous cherchez ? »
　⇒ Le secrétaire nous demande *qui* nous cherchons.　事務室の職員は誰を探しているのか私達に聞く。

　・**動詞の時制と時の表現**：主節の時制に応じて変化する（時制の一致）

## **2** 時制の一致 🎧 1-63

●**主節が過去時制**の場合：
　・«…» の中の動詞活用が**直説法現在形**　⇒　従属節では**直説法半過去形**
　　Akira a dit à Mika : « *Ce soir, je vais* au concert avec mon frère Jun. »
　　⇒ Akira a dit à Mika qu'*il allait* au concert avec son frère Jun *ce soir-là*.
　　　　アキラはミカにその夜兄のジュンとコンサートに行くと言った。

　・«…» の中の動詞活用が**直説法複合過去形**　⇒　従属節では**直説法大過去形**
　　J'ai dit à Sophie : « *Qu'est ce qui s'est passé hier ?* »
　　⇒ J'ai demandé à Sophie ce qui *s'était passé la veille*.　私はソフィーに前日何が起こったのか聞いた。

• « … » の中の動詞活用が**直説法単純未来形** ⇒ 従属節では**条件法現在形**

**直説法前未来形** ⇒ 従属節では**条件法過去形**

Sophie m'a dit : « Je t'en *parlerai* demain matin dès que je *serai arrivée* à l'université. »

⇒ Sophie m'a dit qu'elle m'en ***parlerait le lendemain matin*** dès qu'elle ***serait arrivée*** à l'université.　ソフィーは私に翌朝大学に着いたらそのことを話すと言った。

*cf.* « … » の中の直説法大過去形、直説法半過去形は従属節でも変化しない。

Il m'a dit : « J'*étais* étudiant en 2015. » ⇒ Il m'a dit qu'il *était* étudiant en 2015.

述べられた内容が現在も変わらない場合は時制の一致はなくてもよい。

Le professeur nous a dit : « La terre tourne autour du Soleil. »

⇒ Le professeur nous a dit que la Terre tourne autour du Soleil.

## ●時の表現の照応  1-64

| | 前 | 基準時（＝現在） | 後 |
|---|---|---|---|
| 日 | **hier**<br>hier matin | **aujourd'hui**<br>ce matin | **demain**<br>demain matin |
| 他 | 時の表現 ＋ **dernier(ère)**<br>ⓔⓍ la semaine **dernière** | 指示形容詞 ＋ 時の表現<br>ⓔⓍ **cette** semaine | 時の表現 ＋ **prochain(e)**<br>ⓔⓍ la semaine **prochaine** |

| | 前 | 基準時（＝過去／未来） | 後 |
|---|---|---|---|
| 日 | **la veille** | **ce jour-là** | **le lendemain** |
| 他 | 時の表現 ＋ **d'avant**<br>ⓔⓍ l'année **d'avant** | 指示形容詞 ＋ 時の表現 **-là**<br>**cette** année**-là** | 時の表現 ＋ **d'après**<br>ⓔⓍ l'année **d'après** |

*cf.* 書き言葉や形式的な言い方では d'avant より précédent(e), d'après より suivant(e) が好まれる。

ⓔⓍ la semaine d'avant ⇒ la semaine *précédente*, le mois d'après ⇒ le mois *suivant*

## ●その他変化する時間及び場所の表現  1-65

| | 基準時（＝現在） | 基準時（＝過去／未来） |
|---|---|---|
| 基準点と同時 | maintenant | alors ／ à ce moment-là |
| 基準点より前 | **il y a** ＋ 時の単位<br>ⓔⓍ **il y a** 3 jours | 時の単位 avant<br>ⓔⓍ 3 jours **avant** |
| 基準点より後 | **dans** ＋ 時の単位<br>ⓔⓍ **dans** 3 jours | 時間の単位＋ après<br>ⓔⓍ 3 jours **après** |
| 基準点まで | jusqu'ici | jusque-là |
| 場所 | ici | là |

*cf.* **命令文の間接話法**

« … » の中は **de** ＋ 動詞の不定詞：

Mika a dit à Sophie : « *Téléphone-moi* ce soir. »

⇒ Mika a dit à Sophie *de lui téléphoner* ce soir-là.　ミカはソフィーにその夜電話するように言った。

1. 次の「時の表現」を、過去を基準にした表現に変えましょう。

① ce mois ② le mois dernier ③ le mois prochain

④ cette semaine ⑤ la semaine dernière ⑥ la semaine prochaine

2. p.53 のモデル文の間接話法の文を直接話法に変えましょう。

**1** 日本語の意味に合うように、リストから言葉を選び ........ に入れましょう。

1. La sœur de Sophie a annoncé à sa petite sœur qu'elle lui téléphonerait ............................... de son départ.
   ソフィーの姉は出発の前日に電話するつもりだと連絡した。

2. Sophie a amené chez Mika son chat qu'elle avait retrouvé ...............................
   ソフィーは（迷子になっていたのを）2週間前に見つけ出した自分のネコをミカのところに連れていった。

3. Il y a un mois, Akira et Mika ont fait une fête avec un ami québécois. Il allait rentrer au Québec ...............................
   ひと月前にアキラとミカはケベックの友人とパーティーをした。彼はその2週間後にケベックに帰る予定だった。

4. Quand nous avons rendu visite à Monsieur Ducrot à son université, nous nous sommes perdus sur le campus. Alors un gardien nous a demandé ce que nous faisions ...............................
   デュクロ先生を大学に訪ねて行ったとき、ぼくたちはキャンパスで迷ってしまった。すると守衛にそこで何をしているのかと尋ねられた。

> *Il y a deux semaines, là, deux semaines avant, la veille, dans deux semaines, deux semaines après, ici, le lendemain, jusqu'ici*

**2** 直接話法を間接話法に書き換えましょう。

1. Le professeur a dit aux étudiants : « Vous pourrez me rendre votre rapport lundi prochain. »

   ..................................................................................................................................

2. Le serveur nous a demandé : « Qu'est-ce que vous désirez ? »

   ..................................................................................................................................

3. Nous avons demandé à l'accueil : « Le bureau de Monsieur Ducrot est à quel étage ? »

   ..................................................................................................................................

4. Sophie a demandé à sa sœur : « Envoie-moi le message quand tu arriveras à la gare.»

   ..................................................................................................................................

**3** 次の文章を読んで内容を詳しくまとめましょう。

Sophie,

Dans mon message, je t'ai dit que j'arriverais à Kyoto vers 17 heures, mais j'ai raté mon shinkansen et j'ai pris celui de 16 heures 11. J'arriverai donc autour de 18 heures 20. Je n'ai pas beaucoup mangé à midi et j'ai faim. J'aimerais bien aller manger dans un restaurant japonais. Qu'est-ce que tu me proposes pour notre premier dîner à Kyoto ? En outre, j'apporte des cadeaux de Papa et de Maman. Je te les donnerai chez toi. À bientôt !

Delphine

・デルフィーヌが到着時間についてソフィーに知らせていること

・夕食についてリクエストしていること

・その他のお知らせ

# Leçon 12

主観的な想像を語る

*Cette année, Sophie passe ses vacances du Nouvel An avec la famille de Mika. C'est la première fois qu'elle voit les parents de celle-ci.*

**MODÈLE 1**  1-66

Sophie : « Konnichiwa. Hajimemashite. Sophie desu. »
Père de Mika : Bonjour Sophie. Nous sommes tous très contents que vous soyez chez nous.
Mère de Mika : Bonjour Sophie. Enchantée !
Sophie : Tiens, vous parlez français tous les deux !
P. de Mika : Nous avons appris le français quand nous étions étudiants. Nous avons recommencé à l'étudier il y a 6 mois.
M. de Mika : On parle le japonais pour vous. Mais si vous voulez, vous pourrez parler français pour que nous puissions avoir l'occasion de nous entraîner.

**MODÈLE 2**  1-67

*La veille du Nouvel An, Sophie et Mika vont aller au concert.*

Père de Mika : A quelle heure est-ce que vous allez rentrer ce soir ?
Sophie : Je ne sais pas exactement, mais le concert commence à 19 heures.
Mika : Et après, nous allons boire un verre avec des amis.
P. de Mika : N'oubliez pas que nous allons manger des soba ensemble.
Sophie : Ah ! C'est pour fêter le passage d'une année à l'autre.
P. de Mika : Exactement. Il faut donc que vous soyez rentrées avant minuit.

**MODÈLE 3**  1-68

*Le 1ᵉʳ janvier, ils vont faire leur première visite de l'année dans un temple shintoïste.*

Père de Mika : Vous êtes toutes* les deux très jolies en kimono !
Sophie : C'est la première fois que je m'habille en Japonaise. Merci beaucoup Madame !
Mère de Mika : Je vous en prie.
Père de Mika : Je suis fier que tu saches les habiller en kimono.

* については Appendice を参照

**1** 接続法 🎧 1-69

事柄が実現するか否かに関わらず、**話者が事柄に対して抱いている主観的態度を表す**

*cf.* 直説法は事柄の**現実性・客観性を表す**

● 接続法現在形

● 作り方

・原則：直説法現在形の **3人称複数形(ils)** の活用から **ent** を除いたもの
　　　　　　　　　　　　　　　　　　　＋活用語尾（**-e, -es, -e, -ions, -iez, -ent**）

chanter (ils chantent) > je *chante*, finir (ils finissent) > je *finisse*, partir (ils partent) > je *parte*,
devoir (ils doivent) > je *doive*, dire (ils disent) > je *dise*

・**nous, vous** の語幹が特殊な形になるもの：
prendre > je *prenne*, nous *prenions*, vous *preniez* ; venir > je *vienne*, nous *venions*, vous
*veniez*, etc.

・**特殊な語幹を取るもの**：faire > je **fasse**, pouvoir > je **puisse**, savoir > je **sache**

・単数形・**3**人称複数形と **nous・vous** の語幹が異なるもの：vouloir > je *veuille*, nous *voulions*
　　　　　　　　　　　　　　　　　　　　　　　　　　　　aller > j'*aille*, nous *allions*

*cf.* avoir, être の活用は例外

| chanter | prendre | savoir | aller | avoir | être |
|---|---|---|---|---|---|
| je **chante** | je **prenne** | je **sache** | j' **aille** | j' **aie** | je **sois** |
| tu **chantes** | tu **prennes** | tu **saches** | tu **ailles** | tu **aies** | tu **sois** |
| il **chante** | il **prenne** | il **sache** | il **aille** | il **ait** | il **soit** |
| nous **chantions** | nous **prenions** | nous **sachions** | nous **allions** | nous **ayons** | nous **soyons** |
| vous **chantiez** | vous **preniez** | vous **sachiez** | vous **alliez** | vous **ayez** | vous **soyez** |
| ils **chantent** | ils **prennent** | ils **sachent** | ils **aillent** | ils **aient** | ils **soient** |

● 接続法過去形

● 作り方：**avoir / être** の接続法現在形＋過去分詞

| chanter | | aller | | |
|---|---|---|---|---|
| j' **aie** | | je **sois** **allé(e)** | | |
| tu **aies** | | tu **sois** **allé(e)** | | |
| il **ait** | | il **soit** **allé** | | |
| elle **ait** | **chanté** | elle **soit** **allée** | | |
| nous **ayons** | | nous **soyons** **allé(e)s** | | |
| vous **ayez** | | vous **soyez** **allé(e)(s)** | | |
| ils **aient** | | ils **soient** **allés** | | |
| elles **aient** | | elles **soient** **allées** | | |

＊助動詞の選択、過去分詞の性数一致については、直説法複合過去形の規則と同じ

● 用法

・主節に**話者の感情や心理状態を表す**表現がある時、**従属節で接続法**が使われる

・**接続法現在**　：従属節の事柄は**主節の事柄と同時または後に起こる**ことを示す
　**接続法過去形**：従属節の事柄は**基準となる時点までに完了している**ことを示す

・従属節で接続法を取る主節の表現は次の通り

*cf.* Appendice も参照

◆意思・願望・嗜好

*Je souhaite* que vous *passiez* d'excellentes vacances de Noël et de fin d'année.

みなさんが素晴らしいクリスマスと年末の休暇を過ごされることを願っています。

●その他の動詞：vouloir「望む」、prétendre「主張する」、demander「要望する・頼む」、désirer「欲しい・望む」、aimer「好きだ・望む」、préférer「好む」

*cf.* espérer は従属節に直説法を取る

*J'espère* que vous *passerez* d'excellentes vacances.

みなさんに素晴らしい休暇を過ごしていただきたいです。

◆義務・必要・可能性・疑惑・命令・禁止・否認

*Il faut que* vous *soyez rentrées* à la maison avant minuit. Nous allons manger des *soba* ensemble.

あなたたちは 12 時前には家に戻ってきていないとダメよ。みんなで蕎麦を食べるから。

●その他の動詞・表現

il est nécessaire que...「…することが必要だ」、il est possible que...「…することは可能だ」、il semble que...「…らしい・と思われる」、ordonner「命令する」、défendre「禁止する」

◆感情（喜び・後悔・怖れ・嫌悪等）

Nous *sommes* très contents que vous *soyez* chez nous pour le Nouvel An.

私達はあなたが新年に我が家にいるのをとても嬉しく思っています。

●その他の動詞及び表現：regretter「後悔する」、détester「嫌悪する」、avoir peur「怖い・心配する」、être heureux(e) / ravi(e)「幸せだ / 喜んでいる」、etc.

◆ **croire, penser** の否定形 / 疑問形・確実性の表現の否定形

Mika *ne pense pas* que le concert *finisse* avant 21 heures.

ミカはコンサートが 21 時前に終わるとは思っていない。

●その他の表現：ne pas être sûr(e)「確信できない」、il n'est pas évident que...「…であることは明らかではない」、etc.

◆最上級の表現・希望（従属節は関係代名詞節）

Tu ne connais pas quelqu'un qui *puisse* m'aider à mettre un kimono ?

だれか私が着物を着るのを手伝ってくれる人を知らない？

C'est *le plus beau* lever du soleil que j'*aie* jamais *vu*.

これまで見た一番美しい日の出です。

◆目的・方法 / 手段・条件・状況

La mère de Mika a demandé à Sophie de parler français *pour que* son mari et elle *puissent* avoir l'occasion de s'entraîner en français.

ミカの母は夫と自分がフランス語を話すトレーニングをする機会を持つために、ソフィーにフランス語を話すよう頼みました。

●その他の表現：afin que...「…するために」、à condition que...「…という条件で」、jusqu'à ce que...「…するまで」、etc.

補足

・従属節で接続法を使う場合、主節の主語と従属節の主語は同一にはならない。

Je *suis content que tu sois reçu* au concours des bourses.

僕は君が奨学金の試験に受かったのが嬉しい。

Je suis content *d'être reçu* au concours des bourses.

僕は自分が奨学金の試験に受かって嬉しい。

 練習しましょう！ Exerçons-nous !

finir, partir, venir, faire, dire, pouvoir のすべての人称の接続法現在形の活用を書き、発音しましょう。

**1** 日本語の意味に合うように、リストのＡとＢから必要な表現あるいは動詞を選び …….. に入れて、文を完成させましょう。Ｂから選んだ動詞は接続法に活用させましょう。

1. Paul ............................... que sa petite amie ............................... au cinéma à l'heure.
   ポールは恋人が時間通りに映画館に来るか確信がなかった。

2. ............................... qu'il ne ............................... trop froid demain pour nous promener à moto.
   明日はツーリングするには寒すぎるんじゃないかしら。

3. ............................... que nous ............................... à l'heure. Il y a des embouteillages partout.
   私達は時間通りに着けないんじゃないかな。いたるところで渋滞しているから。

4. ............................... que je ............................... ce travail avant 18 heures.
   18 時までに僕がこの仕事を終わっておくことが必要なんだよ。

> A : Je doute / n'était pas sûr / Il est nécessaire / Nous avons peur
>
> B : faire / venir / finir / arriver

**2** 指示にしたがって文を書き換えましょう。

1. Hélène est très heureuse d'avoir obtenu un emploi dans une entreprise.

   （下線部の主語 ⇒ son fils に代えて）

.................................................................................................................

2. La commune vous rembourse la moitié des frais de transport si vous utilisez le bus communal. （下線部の si を à condition que... に代えて）

.................................................................................................................

3. Nous ne savons pas si notre collègue prendra le shinkansen pour venir de Tokyo à Okayama. （Il n'est pas évident que... を用いて）

.................................................................................................................

**3** 会話を読み、①リュックの用件、②ジャンの返事を簡潔にまとめましょう。

Luc : Allô, Jean ? C'est Luc. Tu as deux minutes pour parler ? Je voulais te demander un petit service.

Jean : Oui... De quoi s'agit-il ?

Luc : Je cherche une personne qui puisse travailler dans notre laboratoire de langues. Ce sera un ou une francophone qui sache distinguer les caractéristiques régionales du français oral.

Jean : Oui, oui...

Luc : Il est préférable que cette personne puisse travailler 3 jours par semaine et communiquer en japonais avec le personnel du laboratoire. Tu connais quelqu'un ?

Jean : Euh... Tu peux me donner deux jours pour que je me renseigne auprès de mes connaissances ?

Luc : Oui, bien sûr.

**1** 次の会話を読んで答えましょう。
1-70

Mère de Sophie — Allô ?

Sophie — Allô Maman ? C'est moi. Je ne te dérange pas ?

M. — J'étais en train de lire...mais ça va. Qu'est-ce qu'il y a ?

S. — Je voulais te demander ton avis sur une idée de cadeau.

M. — Oui...

S. — C'est pour la famille de Mika qui m'a invitée pour le Nouvel An. Je vous ai envoyé les photos que j'avais prises. J'aimerais bien leur offrir quelque chose de français, mais on trouve plein de choses française au Japon !

M. — Alors, pourquoi pas des produits de notre région ? On n'en trouve pas beaucoup au Japon.

S. — Des produits de Nice ? Ce serait bien...

1. Que faisait la mère de Sophie quand sa fille l'a appelée ?

2. Pourquoi Sophie a-t-elle téléphoné à sa mère ?

3. A qui souhaite-t-elle offrir un cadeau ?

4. Pourquoi n'arrive-t-elle pas à trouver le cadeau ?

5. Quel est le conseil de la mère de Sophie ?

**2** 会話を練習しましょう。

**3** 上の会話の後、ソフィーの両親が送ったメールを読んで答えましょう。

Sophie,
Merci pour la photo de toi habillée en kimono.
Nous sommes très contents que tu aies passé de très bonnes vacances du Nouvel An chez ta copine japonaise. Comme tu le penses, nous croyons bon que tu leur offres un cadeau en retour. Si tu cherches quelque chose de français que tu ne peux pas acheter au Japon, nous pourrons t'envoyer ce que tu veux.
A propos, tu pourras envoyer ta photo en kimono à tes grands-parents ? Ça leur fera plaisir.

On t'embrasse.

Papa et maman.

1. De quoi les parents de Sophie sont-ils contents ?

2. Qu'est-ce qu'ils suggèrent à leur fille pour le cadeau de la famille de Mika ?

3. À la fin du mail, qu'est-ce qu'ils lui demandent de faire ?

● Leçons 10, 11, 12 で学んだ文法事項が含まれているフランス語の名言です。

Petit à petit, on apprend des gestes qu'on répète, c'est *ce qu'on appelle l'expertise*.
少しずつ、人は繰り返す動作を身につけていきます。それが熟練の技と呼ばれるものです。

Alain Ducasse (1956- ), *Contact, l'encyclopédie de la création*（カナダの TV 番組）での発言より

On ne fait pas ce que *l'on veut* et cependant on est responsable de *ce que l'on est*.
人は望むことを行うことはできない。しかしながら自分が今ある姿には責任がある。

Être libre, ce n'est pas pouvoir faire ce *que l'on veut*, mais c'est vouloir *ce que l'on peut*.
自由であることは望むことをすることではなく、できることを望むことである。

Jean-Paul Sartre (1905–1980), *Situations* (1947) より

Dieu a inventé le Parisien *pour que les étrangers ne puissent rien comprendre aux Français*.
外国人がフランス人について何も理解できないように、神はパリジャンを発明された。

Alexandre Dumas Fils (1824–1895), *Le dictionnaire des citations*,
https://dicocitations.lemonde.fr/citation_auteur_ajout/7113.php より

Le vin est le breuvage *le plus sain et le plus hygiénique qui soit*.
ワインは最も健全で衛生的な飲み物だ。

Louis Pasteur (1822–1895), *Le dictionnaire des citations*,
https://dicocitations.lemonde.fr/citation_auteur_ajout/7113.php より

L'âme est *le seul oiseau qui soutienne sa cage*.
魂はその籠を支える唯一の鳥である。

Victor Hugo (1802–1885), *Les Misérables* (1862) より

La violence est injuste *d'où qu'elle vienne*.
暴力はどこから出てくるにせよ不正である。

Jean-Paul Sartre (1905–1980), *Le Diable et le Bon Dieu* (1951) より

*Que ta vision soit à chaque instant nouvelle*. Le sage est celui qui s'étonne de tout.
君のものの見方が一瞬ごとに新しいものとならんことを。賢者とはすべてに驚くことのできる人のことである。

André Gide (1869–1951), *Les Nourritures terrestres* (1897) より

**・練習しましょう！・**

・どの文法事項がイタリック形の部分のポイントになっているか分かりますか？

・出典となる作品、作家について調べてみましょう。

## フランス語の名言（3）

● **Le Ciel 1** で学んだ比較級と最上級は数々の名言の中に現れています。

*Le meilleur moyen* pour apprendre à se connaître, c'est de chercher à comprendre autrui.
自分自身を知るための最良の方法は、他人を理解しようとすることだ。
André Gide (1869-1951), 1922 年 2 月 10 日の日記より

De tous les actes, *le plus complet* est celui de construire.
すべての行為の中で最も完全なものは建設するという行為だ。
Paul Valéry (1871-1945), *Eupalinos ou L'architecte* (1923) より

Le bonheur est *la plus grande des conquêtes*, celle qu'on fait contre le destin qui nous est imposé.
幸せは勝ち取ることができる最大のもの、自分に課せられた運命に対して私達が勝ち取ることができるものだ。
Albert Camus (1913-1960), *Lettre à un ami allemand* (1948) より

Après les femmes, les fleurs sont *la plus belle chose* que Dieu a donnée au monde.
花は女性に次いで神がこの世に与えた最も美しいものです。
Christian Dior (1905-1957), *Le dictionnaire des citations*, https://dicocitations.lemonde.fr/citation_auteur_ajout/7113.php より

L'amour, *le plus important* dans la vie. Non, l'amitié est *plus importante* encore.
愛は人生で最も大切なものです。いや、友情はさらに大切です。
Yves Saint-Laurent (1936-2008), *Paris Match*（1997 年 2 月 13 日）のインタビューより

L'élégance est quand l'intérieur est *aussi beau que* l'extérieur.
エレガンスとは内面が外面と同様に美しい時のことをいうのです。
Coco Chanel (1883 -1971), *Le dictionnaire des citations*, https://dicocitations.lemonde.fr/citation_auteur_ajout/7113.php より

La discorde est *le plus grand mal* du genre humain, et la tolérance en est le seul remède.
不和は人間の最大の悪であり、寛容が唯一の薬である。
Voltaire (1694-1778), *Dictionnaire philosophique* (1764) より

Désormais *la solidarité la plus nécessaire* est celle de l'ensemble des habitants de la Terre.
今後、最も必要になる連帯は地球に住むもの全体の連帯である。
Albert Jacquard (1925–2013), *Voici le temps du monde fini* (1992) より

練習しましょう！ Exerçons-nous!

・どの文法事項がイタリック形の部分のポイントになっているか分かりますか？

・出典となる作品、作家について調べてみましょう。

Leçons 10 〜 12 で学んだ内容を使うと、次のような事項を盛り込んで、さらに複雑な内容について会話や文章作成を行うことができます。

- ☐ a. 過去のある時点までに行ったこと / 行わなかったことを言う
- ☐ b. 行為の進行状態（開始直前、開始、進行中、終了など）を細かに示すことで、過去の行為が行われた時の微妙な状況を表す
- ☐ c. 人の発言を簡潔に伝える
- ☐ d. 実現の可能性に関わらず、喜び・疑念・必要など主観的態度に基づいた事柄を述べる

フランス文化  情報

## ▎ペット事情

　フランスでは犬を連れて出歩く人をよく見かけます。車の助手席に座っていたり、カフェや時にはレストランでも飼い主の足元に大人しく座っていたり、犬はしばしば街中で飼い主と行動を共にしています。フランスを含めたヨーロッパ全体で、犬は家族の一員として社会にも受け入れられているのです。

　ペットの扱いについては日本とフランスでかなり差があるようです。日本では街中でペットと飼い主が行動を共にできる場所はフランスほどありません。それ以外にも、集合住宅におけるペットの飼育に様々な制限が設けられています。ペット不可でなくても飼えるのは小型の犬だけで、共有スペースの通路やエレベーター内では飼い主が抱いていないといけない等の制約があるところがほとんどです。一方、フランスでは家主が集合住宅の規約によって犬猫の飼育を禁止することはできません。「ペットを持つ自由」は国民に保証されている権利だからです。

　もちろん、人間と一緒に暮らすためにはペットにきちんとしつけをしなければなりません。犬の場合は人にむやみに吠えない、噛みつかない、飼い主の言いつけを忠実に守るなど、厳しくしつけます。しっかりと人間と共に生きるルールを身につけていればこそ、犬に対して寛容な社会が生まれるのですね。また、日本では生後 2 か月程度の子犬や子猫がペットショップで売られていますが、フランスでは生後 8 週間未満の子犬や子猫は売買することができません。子供の時期を親と共に過ごして生きていくのに必要な基本的な社会性を身につけさせるためです。

　一見してペット天国に見えるフランスにもペットに関する深刻な問題があります。フランスでは毎年夏のバカンスの時期になると、飼っているペットの扱いに手を焼いてペットを捨てる人が続出するのです。1 年に捨てられるペットの 6 割がバカンス時期に集中するというデータもあるほどです。捨てられたペットは保護団体に引き取られます。フランスではペットショップで犬猫を買うことはとても少なく、保護団体が出した里親募集の広告を見てペットを探す人も多いそうです。

外に連れ歩くことはほとんどないので目立ちませんが、実は猫を飼っている人が多いのです。

# 【補足】

## 物語の世界を語る

ー直説法単純過去形
ー直説法前過去形

## 1　直説法単純過去形

● **作り方**：3種類の活用語尾がある

◆ **-a 型**（*-ai, -as, -a, -âmes, -âtes, -èrent*）
- -er 型規則動詞　**ex** je *chantai*

◆ **-i 型** ①（*-is, -is, -it, -îmes, -îtes, -irent*）
- -ir 語尾の動詞および -re 語尾の動詞の大部分、asseoir, pourvoir, surseoir, voir とその合成語
  **ex** je *finis* (finir), je *dormis* (dormir), je *pris* (prendre), je *fis* (faire), je *m'assis* (m'asseoir), je *vis* (voir)
  ②（*-ins, -ins, -int, -înmes, -întes, -inrent*）
- tenir, venir とその合成語　**ex** je *tins* (tenir), je *vins* (venir)

◆ **-u 型**（*-us, -us, -ut, -ûmes, -ûtes, -urent*）
- -oir で終わる動詞（avoir, voir, etc.）、一部の -ir で終わる動詞（courir とその合成語 , mourir）、一部の -re 語尾の動詞（boire, conclure, croire, être, lire, connaître, etc.）
  **ex** j'*eus* (avoir), je *courus* (courir), je *bus* (boire), je *fus* (être), je *connus* (connaître)
  ! être の語幹は例外
  ! i 型と u 型の単純過去形は過去分詞の形から導きだせるものが多い

● **用法**
- 話者が語る現在とは切り離された**物語の世界で起こった過去の完結した事柄**を表す
  （起こった出来事の背景は直説法半過去形で描かれる）

Il était une fois une petite fille que tout le monde aimait bien, surtout sa grand-mère. Un jour, elle lui *offrit* un petit bonnet de velours rouge, qui lui allait si bien qu'elle ne *voulut* plus en porter d'autre.

（Charles Perrault, *Le Petit Chaperon Rouge* より）

昔々、まわりのみんな、特におばあさんに可愛がられている女の子がいました。ある日、おばあさんは女の子に赤いビロードの頭巾をあげました。それはたいそう女の子に似合っていたので、女の子は他の頭巾をかぶろうとしなくなりました。

- 現在と繋がった世界の事柄を語っている場合、**重大な出来事**を述べるために使うことがある

Plus de soixante participants à l'opération de nettoyage du secteur Gallieni (…) Merci à tous, ce *fut* un beau moment citoyen !

（Les Petits Colibris de Bajo の清掃活動の投稿より）

ガリエニ地区の清掃活動には 60 名以上の参加者がありました（…）みなさんありがとう、市民の素晴らしい時間になりました！

＊être の単純過去形が使われることが多い。

## 2　直説法前過去形

● **作り方**：**être/avoir** の直説法単純過去形＋過去分詞
　**ex** j'eus *chanté*, je fus *allé*(e), je me fus *levé*(e)　　! 助動詞の区別、性数一致については複合過去形と同じ

● **用法**
- 基準となる単純過去形の行為が起こった時点に**完了している事柄**を表す

"C'est pour mieux te manger !"
À peine le Loup *eut*-il *prononcé* ces mots, qu'il bondit hors du lit et avala le pauvre Petit Chaperon Rouge.

（Charles Perrault, *Le Petit Chaperon Rouge* より）

「（大きな口をしているのは）お前を食べてしまうためだよ！」
オオカミはそう言うやいなやベッドから飛び出し赤ずきんをひと飲みにしてしまいました。

指示に従って次の物語を読みましょう。

Il était une fois une jeune fille qui s'appelait le petit chaperon rouge. Un jour, sa mère lui dit d'aller chez sa grand-mère qui habitait au-delà de la forêt, pour lui apporter un dessert et une bouteille de vin.

La fille partit, mais elle se perdît pendant qu'elle cueillait des fleurs en chemin. Elle ne savait vers où elle devait aller, lorsqu'elle rencontra un renard. Il lui demanda ce qu'elle avait et elle lui répondît qu'elle allait apporter un dessert et du vin à sa grand-mère, mais qu'elle s'était perdue dans la forêt. Le renard, ayant un bon caractère, lui indiqua le chemin pour aller chez sa grand-mère. Le petit chaperon rouge ravi lui offrit le dessert comme témoignage de sa reconnaissance et ils se quittèrent.

Mais moins de 5 minutes après, le petit chaperon rouge qui n'avait aucun sens de l'orientation se perdît encore une fois ! Devant la fille déconcertée surgit un loup. Elle eut très peur, mais lui demanda quand-même s'il connaissait le chemin qui la conduirait à la maison de sa grand-mère. Sans rien dire, le loup lui fit signe du regard et la conduisit où elle voulait aller. La jeune fille, gentille par nature, lui offrit le vin qu'elle avait pour le remercier. Chose étonnante, dès qu'il eut reçu la bouteille, il se transforma en prince charmant ; il avait été transformé en loup par ensorcèlement. Le prince emmena le petit chaperon rouge avec sa mère et sa grand-mère dans son château où ils vécurent heureux.

・単純過去形と前過去形の動詞に（＿＿＿）、半過去形と大過去形の動詞に（〰〰〰）を引き、動詞活用を2つのグループに分けましょう。それぞれの動詞の不定詞も調べましょう。

・分類した動詞（＋補語）の意味を調べ、物語のあらすじ（単純過去形と前過去形で書かれた部分）と背景（半過去形と大過去形で書かれた部分）を言いましょう。

## Appendice

### 1 　直接目的補語と過去分詞の性数一致

・複合時制形（直説法複合過去形、直説法大過去形、直説法前未来形、直説法前過去形、条件法過去形、接続法過去形）については、**動詞の直接目的補語**が**助動詞より前**におかれる時に**過去分詞と性数一致**する

Voilà les chaussures que Marianne a achetées hier !
Je vous enverrai mes dossiers dès que je les aurai terminés.
C'était la plus belle fille que j'aie jamais vue.

### 2 　指示代名詞の用法

・**前出する名詞がなく使われる指示代名詞**は「人」を表すことがある
・この場合、指示代名詞の後に**関係代名詞に導かれた説明**が続き、「〜する（〜である）人 / 者」という意味になる

La vie sépare *ceux* qui s'aiment tout doucement sans faire du bruit.
Paris est petit pour *ceux* qui s'aiment d'un grand amour.

### 3 　疑問代名詞 lequel

・複数の選択肢の中からどれかを選ぶ時に使う
・性数の変化がある

| | 単数 | 複数 |
|---|---|---|
| 男性 | lequel | lesquels |
| 女性 | laquelle | lesquelles |

・前置詞 à, de と共に使われる時の変化：
à + lequel → auquel, de + lequel → duquel
à + lesquels → auxquels, de + lesquels → desquels
à + lesquelles → auxquelles, de + lesquelles → desquelles

J'ai acheté plusieurs gâteaux. *Lequel* veux-tu ?
Nous venons de parler avec notre nouveau prof. - Mais *lequel* ? Cette année, nous en avons deux.

### 4 　前置詞と共に使われる関係代名詞

・先行詞の前に前置詞がある時、**前置詞＋関係代名詞**という語順になる
・先行詞が人の場合　⇒ 原則として **qui** を使う
・de / par / jusque ＋ 先行詞が場所の状況補語の場合
　　　　　　　　⇒ **où** を使う
・先行詞が具体的なものあるいは de, par, jusque 以外の前置詞＋場所の状況補語の場合
　　　　　　　　⇒ 先行詞の性数によって変化する **lequel** を使う

Au premier cours, tout le monde se présente et dit *d'où* il vient. (= Il vient d'où)
Ce matin, j'ai rencontré trois amis de Sophie *avec qui* elle avait visité le château de Nijo.
　　　　　　　　　　　(= Sophie avait visité le château de Nijo *avec eux*)
Mika parle souvent de sa chatte *avec laquelle* sa famille vit depuis 2 ans.
En sortant de la station de métro, tu trouveras, sur ta droite, un café bleu *devant lequel* seront stationnés nos vélos.

●**aider** A（人）**à** + B（動詞の不定詞）　　　　　　：A が B するのを助ける

Mika *a aidé* Sophie *à préparer* le casse-croûte.
Tu peux m'*aider à écrire* un mail en français ?

●**remercier** A（人）**de** + B（動詞の不定詞）　　　：B について A に感謝する
**de / pour** + B（もの・事柄）

Je te *remercie d'être venu* me voir.
(*Merci d'être venu* me voir.)
Nous vous *remercions* infiniment *pour* (de) votre aide.

●**demander** A（名詞）**à** B（人）　　　　　　　：B に A を頼む
**demander à** A **de** B（動詞の不定詞）　　：A に B を頼む

Je voudrais *demander* un petit service *à* quelqu'un qui parle bien le français.
Sophie et Luc *ont demandé à* Mika *de leur expliquer* le sens d'une expression japonaise.

●**proposer** A（名詞）**à** B（人）　　　　　　　：B に A を提案する
**proposer à** A **de** B（動詞の不定詞）　　：A に B を提案する

Comme premier roman français, je voudrais *proposer* « Le Petit Prince » *à* mes étudiants.
La mère de Mika *propose à* Sophie *de parler français* pour sa pratique du français.

＊demander A à B（人）, proposer A à B（人）については、A と B の語順が逆になることも多い（特に B が補語人称代名詞になる場合）：

Je voudrais *te* demander un petit service.
Nous *vous* proposons un bon restaurant français pour notre déjeuner.

●知覚動詞（**voir / regarder , entendre / écouter,** etc.）の構文

On *voit Sophie* jouer avec son chat. = On *la voit* jouer avec son chat.
Mika *regarde* attentivement sa mère *habiller* Sophie en kimono.
Quand j'étais en France, j'habitais dans une cité universitaire. J'*entendais* souvent mes voisins *bavarder* très tard le soir.

●使役と放任
使役：**faire** + inf. ：…させる

J'*ai fait* manger le bébé.　　　　　　　⇒ Je *l'*ai fait manger.
La tempête *a fait* tomber des feuilles.　　⇒ La tempête *les* a fait tomber.

●放任：**laisser** + inf. ：…させておく

*Laissez* partir Sophie. Elle a un test demain.　⇒ Laissez-*la* partir.
Le week-end, nous *laissons* souvent nos enfants regarder la télé.
⇒ (…) nous laissons souvent nos enfants *la* regarder / nous *la* laissons regarder à nos enfants.

*cf.* **se faire** + inf. : …してもらう、…される

Je *me suis fait couper* les cheveux.
Mon frère *s'est fait voler* son sac pendant son voyage.

**se laisser** + inf. : …されるままにしておく

Mon frère a un caractère très doux. Il *se laisse* souvent *dire* des injures.

## 6 肯定の副詞 si

・否定疑問に対する肯定の答えを導く

Tiens, tu n'es pas rentré chez toi ?
  - *Non* (Non, je ne suis pas rentré). Je suis resté parce que j'ai une réunion à partir de 18 heures.
  - *Si* (Si, je suis rentré). Je suis revenu pour la réunion qui aura lieu à partir de 18 heures.

## 7 tout

|     | 単数 | 複数 |
|-----|------|------|
| 男性 | tout | tous |
| 女性 | toute | toutes |

### 【不定形容詞】
・後におかれる**名詞の性数に一致**する
・**語順に注意**が必要：**tout** + 限定詞 + 名詞　 *ex* **tous** les jours, **toute** la journée

Pendant les vacances d'été, je me suis baigné, j'ai bronzé et j'ai fait du ski nautique *tous* les jours.
Hier, je n'avais rien à faire. J'ai dormi *toute* la journée !
Claire a invité *tous* ses amis à son anniversaire.

### 【不定代名詞】
・名詞の同格として使われる場合は**関係する名詞の性数に一致**する

*Tout* va bien ici !（主語）
Nous sommes *tous* pleins d'espoir.（tous の -s- は発音する）
J'ai deux sœurs. Elles sont *toutes* deux infirmières.

## 8 接続法

・接続法は que で始まる独立節でも使われることがある

*Que ta vision soit renouvelée chaque instant.*　　*André Gide*の名言より（フランス語名言集(3)より）
*Qu'il entre* !　（主人が客を通すように使用人に命じる時に言う）

I.  aimer

II.  arriver

III.  être aimé(e)(s)

IV.  se lever

| | | | | | |
|---|---|---|---|---|---|
| 1. | avoir | 17. | venir | 33. | rire |
| 2. | être | 18. | offrir | 34. | croire |
| 3. | parler | 19. | descendre | 35. | craindre |
| 4. | placer | 20. | mettre | 36. | prendre |
| 5. | manger | 21. | battre | 37. | boire |
| 6. | acheter | 22. | suivre | 38. | voir |
| 7. | appeler | 23. | vivre | 39. | asseoir |
| 8. | préférer | 24. | écrire | 40. | recevoir |
| 9. | employer | 25. | connaître | 41. | devoir |
| 10. | envoyer | 26. | naître | 42. | pouvoir |
| 11. | aller | 27. | conduire | 43. | vouloir |
| 12. | finir | 28. | suffire | 44. | savoir |
| 13. | sortir | 29. | lire | 45. | valoir |
| 14. | courir | 30. | plaire | 46. | falloir |
| 15. | fuir | 31. | dire | 47. | pleuvoir |
| 16. | mourir | 32. | faire | | |

| 不定形・分詞形 | 直　　説　　法 | | |
|---|---|---|---|

**I. aimer**

| | 現　　在 | 半　過　去 | 単　純　過　去 |
|---|---|---|---|
| aimant | j' aime | j' aimais | j' aimai |
| aimé | tu aimes | tu aimais | tu aimas |
| ayant aimé | il aime | il aimait | il aima |
| （助動詞　avoir） | nous aimons | nous aimions | nous aimâmes |
| | vous aimez | vous aimiez | vous aimâtes |
| | ils aiment | ils aimaient | ils aimèrent |

| 命　令　法 | 複　合　過　去 | 大　過　去 | 前　過　去 |
|---|---|---|---|
| aime | j' ai aimé | j' avais aimé | j' eus aimé |
| | tu as aimé | tu avais aimé | tu eus aimé |
| | il a aimé | il avait aimé | il eut aimé |
| aimons | nous avons aimé | nous avions aimé | nous eûmes aimé |
| aimez | vous avez aimé | vous aviez aimé | vous eûtes aimé |
| | ils ont aimé | ils avaient aimé | ils eurent aimé |

**II. arriver**

| | 複　合　過　去 | 大　過　去 | 前　過　去 |
|---|---|---|---|
| arrivant | je suis arrivé(e) | j' étais arrivé(e) | je fus arrivé(e) |
| arrivé | tu es arrivé(e) | tu étais arrivé(e) | tu fus arrivé(e) |
| étant arrivé(e)(s) | il est arrivé | il était arrivé | il fut arrivé |
| | elle est arrivée | elle était arrivée | elle fut arrivée |
| （助動詞　être） | nous sommes arrivé(e)s | nous étions arrivé(e)s | nous fûmes arrivé(e)s |
| | vous êtes arrivé(e)(s) | vous étiez arrivé(e)(s) | vous fûtes arrivé(e)(s) |
| | ils sont arrivés | ils étaient arrivés | ils furent arrivés |
| | elles sont arrivées | elles étaient arrivées | elles furent arrivées |

**III. être aimé(e)(s)**

受動態

| | 現　　在 | 半　過　去 | 単　純　過　去 |
|---|---|---|---|
| | je suis aimé(e) | j' étais aimé(e) | je fus aimé(e) |
| | tu es aimé(e) | tu étais aimé(e) | tu fus aimé(e) |
| | il est aimé | il était aimé | il fut aimé |
| | elle est aimée | elle était aimée | elle fut aimé e |
| étant aimé(e)(s) | n. sommes aimé(e)s | n. étions aimé(e)s | n. fûmes aimé(e)s |
| ayant été aimé(e)(s) | v. êtes aimé(e)(s) | v. étiez aimé(e)(s) | v. fûtes aimé(e)(s) |
| | ils sont aimés | ils étaient aimés | ils furent aimés |
| | elles sont aimées | elles étaient aimées | elles furent aimées |

| 命　令　法 | 複　合　過　去 | 大　過　去 | 前　過　去 |
|---|---|---|---|
| sois aimé(e) | j' ai été aimé(e) | j' avais été aimé(e) | j' eus été aimé(e) |
| | tu as été aimé(e) | tu avais été aimé(e) | tu eus été aimé(e) |
| | il a été aimé | il avait été aimé | il eut été aimé |
| soyons aimé(e)s | elle a été aimée | elle avait été aimée | elle eut été aimée |
| soyez aimé(e)(s) | n. avons été aimé(e)s | n. avions été aimé(e)s | n. eûmes été aimé(e)s |
| | v. avez été aimé(e)(s) | v. aviez été aimé(e)(s) | v. eûtes été aimé(e)(s) |
| | ils ont été aimés | ils avaient été aimés | ils eurent été aimés |
| | elles ont été aimées | elles avaient été aimées | elles eurent été aimées |

**IV. se lever**

代名動詞

| | 現　　在 | 半　過　去 | 単　純　過　去 |
|---|---|---|---|
| | je me lève | je me levais | je me levai |
| | tu te lèves | tu te levais | tu te levas |
| | il se lève | il se levait | il se leva |
| se levant | n. n. levons | n. n. levions | n. n. levâmes |
| s'étant levé(e)(s) | v. v. levez | v. v. leviez | v. v. levâtes |
| | ils se lèvent | ils se levaient | ils se levèrent |

| 命　令　法 | 複　合　過　去 | 大　過　去 | 前　過　去 |
|---|---|---|---|
| | je me suis levé(e) | j' m' étais levé(e) | je me fus levé(e) |
| lève-toi | tu t' es levé(e) | tu t' étais levé(e) | tu te fus levé(e) |
| | il s' est levé | il s' était levé | il se fut levé |
| | elle s' est levée | elle s' était levée | elle se fut levé |
| levons-nous | n. n. sommes levé(e)s | n. n. étions levé(e)s | n. n. fûmes levé(e)s |
| levez-vous | v. v. êtes levé(e)(s) | v. v. étiez levé(e)(s) | v. v. fûtes levé(e)(s) |
| | ils se sont levés | ils s' étaient levés | ils se furent levés |
| | elles se sont levées | elles s' étaient levées | elles se furent levées |

| 直　説　法 | 条　件　法 | 接　　続　　法 | |
|---|---|---|---|

**単　純　未　来** / **現　在** / **現　在** / **半　過　去**

| 直説法 単純未来 | 条件法 現在 | 接続法 現在 | 接続法 半過去 |
|---|---|---|---|
| j' aimerai | j' aimerais | j' aime | j' aimasse |
| tu aimeras | tu aimerais | tu aimes | tu aimasses |
| il aimera | il aimerait | il aime | il aimât |
| nous aimerons | nous aimerions | nous aimions | nous aimassions |
| vous aimerez | vous aimeriez | vous aimiez | vous aimassiez |
| ils aimeront | ils aimeraient | ils aiment | ils aimassent |

**前　未　来** / **過　去** / **過　去** / **大　過　去**

| 直説法 前未来 | 条件法 過去 | 接続法 過去 | 接続法 大過去 |
|---|---|---|---|
| j' aurai aimé | j' aurais aimé | j' aie aimé | j' eusse aimé |
| tu auras aimé | tu aurais aimé | tu aies aimé | tu eusses aimé |
| il aura aimé | il aurait aimé | il ait aimé | il eût aimé |
| nous aurons aimé | nous aurions aimé | nous ayons aimé | nous eussions aimé |
| vous aurez aimé | vous auriez aimé | vous ayez aimé | vous eussiez aimé |
| ils auront aimé | ils auraient aimé | ils aient aimé | ils eussent aimé |

**前　未　来** / **過　去** / **過　去** / **大　過　去**

| 直説法 前未来 | 条件法 過去 | 接続法 過去 | 接続法 大過去 |
|---|---|---|---|
| je serai arrivé(e) | je serais arrivé(e) | je sois arrivé(e) | je fusse arrivé(e) |
| tu seras arrivé(e) | tu serais arrivé(e) | tu sois arrivé(e) | tu fusses arrivé(e) |
| il sera arrivé | il serait arrivé | il soit arrivé | il fût arrivé |
| elle sera arrivée | elle serait arrivée | elle soit arrivée | elle fût arrivée |
| nous serons arrivé(e)s | nous serions arrivé(e)s | nous soyons arrivé(e)s | nous fussions arrivé(e)s |
| vous serez arrivé(e)(s) | vous seriez arrivé(e)(s) | vous soyez arrivé(e)(s) | vous fussiez arrivé(e)(s) |
| ils seront arrivés | ils seraient arrivés | ils soient arrivés | ils fussent arrivés |
| elles seront arrivées | elles seraient arrivées | elles soient arrivées | elles fussent arrivées |

**単　純　未　来** / **現　在** / **現　在** / **半　過　去**

| 直説法 単純未来 | 条件法 現在 | 接続法 現在 | 接続法 半過去 |
|---|---|---|---|
| je serai aimé(e) | je serais aimé(e) | je sois aimé(e) | je fusse aimé(e) |
| tu seras aimé(e) | tu serais aimé(e) | tu sois aimé(e) | tu fusses aimé(e) |
| il sera aimé | il serait aimé | il soit aimé | il fût aimé |
| elle sera aimée | elle serait aimée | elle soit aimée | elle fût aimée |
| n. serons aimé(e)s | n. serions aimé(e)s | n. soyons aimé(e)s | n. fussions aimé(e)s |
| v. serez aimé(e)(s) | v. seriez aimé(e)(s) | v. soyez aimé(e)(s) | v. fussiez aimé(e)(s) |
| ils seront aimés | ils seraient aimés | ils soient aimés | ils fussent aimés |
| elles seront aimées | elles seraient aimées | elles soient aimées | elles fussent aimées |

**前　未　来** / **過　去** / **過　去** / **大　過　去**

| 直説法 前未来 | 条件法 過去 | 接続法 過去 | 接続法 大過去 |
|---|---|---|---|
| j' aurai été aimé(e) | j' aurais été aimé(e) | j' aie été aimé(e) | j' eusse été aimé(e) |
| tu auras été aimé(e) | tu aurais été aimé(e) | tu aies été aimé(e) | tu eusses été aimé(e) |
| il aura été aimé | il aurait été aimé | il ait été aimé | il eût été aimé |
| elle aura été aimée | elle aurait été aimée | elle ait été aimée | elle eût été aimée |
| n. aurons été aimé(e)s | n. aurions été aimé(e)s | n. ayons été aimé(e)s | n. eussions été aimé(e)s |
| v. aurez été aimé(e)(s) | v. auriez été aimé(e)(s) | v. ayez été aimé(e)(s) | v. eussiez été aimé(e)(s) |
| ils auront été aimés | ils auraient été aimés | ils aient été aimés | ils eussent été aimés |
| elles auront été aimées | elles auraient été aimées | elles aient été aimées | elles eussent été aimées |

**単　純　未　来** / **現　在** / **現　在** / **半　過　去**

| 直説法 単純未来 | 条件法 現在 | 接続法 現在 | 接続法 半過去 |
|---|---|---|---|
| je me lèverai | je me lèverais | je me lève | je me levasse |
| tu te lèveras | tu te lèverais | tu te lèves | tu te levasses |
| il se lèvera | il se lèverait | il se lève | il se levât |
| n. n. lèverons | n. n. lèverions | n. n. levions | n. n. levassions |
| v. v. lèverez | v. v. lèveriez | v. v. leviez | v. v. levassiez |
| ils se lèveront | ils se lèveraient | ils se lèvent | ils se levassent |

**前　未　来** / **過　去** / **過　去** / **大　過　去**

| 直説法 前未来 | 条件法 過去 | 接続法 過去 | 接続法 大過去 |
|---|---|---|---|
| je me serai levé(e) | je me serais levé(e) | je me sois levé(e) | je me fusse levé(e) |
| tu te seras levé(e) | tu te serais levé(e) | tu te sois levé(e) | tu te fusses levé(e) |
| il se sera levé | il se serait levé | il se soit levé | il se fût levé |
| elle se sera levée | elle se serait levée | elle se soit levée | elle se fût levée |
| n. n. serons levé(e)s | n. n. serions levé(e)s | n. n. soyons levé(e)s | n. n. fussions levé(e)s |
| v. v. serez levé(e)(s) | v. v. seriez levé(e)(s) | v. v. soyez levé(e)(s) | v. v. fussiez levé(e)(s) |
| ils se seront levés | ils se seraient levés | ils se soient levés | ils se fussent levés |
| elles se seront levées | elles se seraient levées | elles se soient levées | elles se fussent levées |

| 不 定 形<br>分 詞 形 | 直　　説　　法 | | | |
|---|---|---|---|---|
| | 現　　　在 | 半　過　去 | 単　純　過　去 | 単　純　未　来 |
| **1. avoir**<br>もつ<br><br>ayant<br>eu [y] | j' ai<br>tu as<br>il a<br>n. avons<br>v. avez<br>ils ont | j' avais<br>tu avais<br>il avait<br>n. avions<br>v. aviez<br>ils avaient | j' eus [y]<br>tu eus<br>il eut<br>n. eûmes<br>v. eûtes<br>ils eurent | j' aurai<br>tu auras<br>il aura<br>n. aurons<br>v. aurez<br>ils auront |
| **2. être**<br>在る<br><br>étant<br>été | je suis<br>tu es<br>il est<br>n. sommes<br>v. êtes<br>ils sont | j' étais<br>tu étais<br>il était<br>n. étions<br>v. étiez<br>ils étaient | je fus<br>tu fus<br>il fut<br>n. fûmes<br>v. fûtes<br>ils furent | je serai<br>tu seras<br>il sera<br>n. serons<br>v. serez<br>ils seront |
| **3. parler**<br>話す<br><br>parlant<br>parlé | je parle<br>tu parles<br>il parle<br>n. parlons<br>v. parlez<br>ils parlent | je parlais<br>tu parlais<br>il parlait<br>n. parlions<br>v. parliez<br>ils parlaient | je parlai<br>tu parlas<br>il parla<br>n. parlâmes<br>v. parlâtes<br>ils parlèrent | je parlerai<br>tu parleras<br>il parlera<br>n. parlerons<br>v. parlerez<br>ils parleront |
| **4. placer**<br>置く<br><br>plaçant<br>placé | je place<br>tu places<br>il place<br>n. plaçons<br>v. placez<br>ils placent | je plaçais<br>tu plaçais<br>il plaçait<br>n. placions<br>v. placiez<br>ils plaçaient | je plaçai<br>tu plaças<br>il plaça<br>n. plaçâmes<br>v. plaçâtes<br>ils placèrent | je placerai<br>tu placeras<br>il placera<br>n. placerons<br>v. placerez<br>ils placeront |
| **5. manger**<br>食べる<br><br>mangeant<br>mangé | je mange<br>tu manges<br>il mange<br>n. mangeons<br>v. mangez<br>ils mangent | je mangeais<br>tu mangeais<br>il mangeait<br>n. mangions<br>v. mangiez<br>ils mangeaient | je mangeai<br>tu mangeas<br>il mangea<br>n. mangeâmes<br>v. mangeâtes<br>ils mangèrent | je mangerai<br>tu mangeras<br>il mangera<br>n. mangerons<br>v. mangerez<br>ils mangeront |
| **6. acheter**<br>買う<br><br>achetant<br>acheté | j' achète<br>tu achètes<br>il achète<br>n. achetons<br>v. achetez<br>ils achètent | j' achetais<br>tu achetais<br>il achetait<br>n. achetions<br>v. achetiez<br>ils achetaient | j' achetai<br>tu achetas<br>il acheta<br>n. achetâmes<br>v. achetâtes<br>ils achetèrent | j' achèterai<br>tu achèteras<br>il achètera<br>n. achèterons<br>v. achèterez<br>ils achèteront |
| **7. appeler**<br>呼ぶ<br><br>appelant<br>appelé | j' appelle<br>tu appelles<br>il appelle<br>n. appelons<br>v. appelez<br>ils appellent | j' appelais<br>tu appelais<br>il appelait<br>n. appelions<br>v. appeliez<br>ils appelaient | j' appelai<br>tu appelas<br>il appela<br>n. appelâmes<br>v. appelâtes<br>ils appelèrent | j' appellerai<br>tu appelleras<br>il appellera<br>n. appellerons<br>v. appellerez<br>ils appelleront |
| **8. préférer**<br>より好む<br><br>préférant<br>préféré | je préfère<br>tu préfères<br>il préfère<br>n. préférons<br>v. préférez<br>ils préfèrent | je préférais<br>tu préférais<br>il préférait<br>n. préférions<br>v. préfériez<br>ils préféraient | je préférai<br>tu préféras<br>il préféra<br>n. préférâmes<br>v. préférâtes<br>ils préférèrent | je préférerai<br>tu préféreras<br>il préférera<br>n. préférerons<br>v. préférerez<br>ils préféreront |

| 条 件 法 | 接 続 法 | | 命 令 法 | 同型活用の動詞 |
|---|---|---|---|---|
| 現　在 | 現　在 | 半　過　去 | 現　在 | （注意） |
| j'　aurais<br>tu　aurais<br>il　aurait<br>n.　aurions<br>v.　auriez<br>ils　auraient | j'　aie<br>tu　aies<br>il　ait<br>n.　ayons<br>v.　ayez<br>ils　aient | j'　eusse<br>tu　eusses<br>il　eût<br>n.　eussions<br>v.　eussiez<br>ils　eussent | aie<br><br>ayons<br>ayez | |
| je　serais<br>tu　serais<br>il　serait<br>n.　serions<br>v.　seriez<br>ils　seraient | je　sois<br>tu　sois<br>il　soit<br>n.　soyons<br>v.　soyez<br>ils　soient | je　fusse<br>tu　fusses<br>il　fût<br>n.　fussions<br>v.　fussiez<br>ils　fussent | sois<br><br>soyons<br>soyez | |
| je　parlerais<br>tu　parlerais<br>il　parlerait<br>n.　parlerions<br>v.　parleriez<br>ils　parleraient | je　parle<br>tu　parles<br>il　parle<br>n.　parlions<br>v.　parliez<br>ils　parlent | je　parlasse<br>tu　parlasses<br>il　parlât<br>n.　parlassions<br>v.　parlassiez<br>ils　parlassent | parle<br><br>parlons<br>parlez | 第 1 群規則動詞<br>（4 型～10 型をのぞく） |
| je　placerais<br>tu　placerais<br>il　placerait<br>n.　placerions<br>v.　placeriez<br>ils　placeraient | je　place<br>tu　places<br>il　place<br>n.　placions<br>v.　placiez<br>ils　placent | je　plaçasse<br>tu　plaçasses<br>il　plaçât<br>n.　plaçassions<br>v.　plaçassiez<br>ils　plaçassent | place<br><br>plaçons<br>placez | —cer の動詞<br>annoncer, avancer,<br>commencer, effacer,<br>renoncer など.<br>（a, o の前で c → ç） |
| je　mangerais<br>tu　mangerais<br>il　mangerait<br>n.　mangerions<br>v.　mangeriez<br>ils　mangeraient | je　mange<br>tu　manges<br>il　mange<br>n.　mangions<br>v.　mangiez<br>ils　mangent | je　mangeasse<br>tu　mangeasses<br>il　mangeât<br>n.　mangeassions<br>v.　mangeassiez<br>ils　mangeassent | mange<br><br>mangeons<br>mangez | —ger の動詞<br>arranger, changer,<br>charger, engager,<br>nager, obliger など.<br>（a, o の前で g → ge） |
| j'　achèterais<br>tu　achèterais<br>il　achèterait<br>n.　achèterions<br>v.　achèteriez<br>ils　achèteraient | j'　achète<br>tu　achètes<br>il　achète<br>n.　achetions<br>v.　achetiez<br>ils　achètent | j'　achetasse<br>tu　achetasses<br>il　achetât<br>n.　achetassions<br>v.　achetassiez<br>ils　achetassent | achète<br><br>achetons<br>achetez | —e＋子音＋er の動詞<br>achever, lever,<br>mener など.<br>（7 型をのぞく. e muet を<br>含む音節の前で e → è） |
| j'　appellerais<br>tu　appellerais<br>il　appellerait<br>n.　appellerions<br>v.　appelleriez<br>ils　appelleraient | j'　appelle<br>tu　appelles<br>il　appelle<br>n.　appelions<br>v.　appeliez<br>ils　appellent | j'　appelasse<br>tu　appelasses<br>il　appelât<br>n.　appelassions<br>v.　appelassiez<br>ils　appelassent | appelle<br><br>appelons<br>appelez | —eter, —eler の動詞<br>jeter, rappeler など.<br>（6 型のものもある.<br>e muet の前で t, l を重ね<br>る） |
| je　préférerais<br>tu　préférerais<br>il　préférerait<br>n.　préférerions<br>v.　préféreriez<br>ils　préféreraient | je　préfère<br>tu　préfères<br>il　préfère<br>n.　préférions<br>v.　préfériez<br>ils　préfèrent | je　préférasse<br>tu　préférasses<br>il　préférât<br>n.　préférassions<br>v.　préférassiez<br>ils　préférassent | préfère<br><br>préférons<br>préférez | —é＋子音＋er の動詞<br>céder, espérer,<br>opérer, répéter など.<br>（e muet を含む語末音節<br>の前で é → è） |

| 不 定 形<br>分 詞 形 | 直　　　説　　　法 | | | |
|---|---|---|---|---|
| | 現　　　在 | 半　過　去 | 単　純　過　去 | 単　純　未　来 |
| **9. employer**<br>使う<br><br>employant<br>employé | j'　emploie<br>tu　emploies<br>il　emploie<br>n.　employons<br>v.　employez<br>ils　emploient | j'　employais<br>tu　employais<br>il　employait<br>n.　employions<br>v.　employiez<br>ils　employaient | j'　employai<br>tu　employas<br>il　employa<br>n.　employâmes<br>v.　employâtes<br>ils　employèrent | j'　emploierai<br>tu　emploieras<br>il　emploiera<br>n.　emploierons<br>v.　emploierez<br>ils　emploieront |
| **10. envoyer**<br>送る<br><br>envoyant<br>envoyé | j'　envoie<br>tu　envoies<br>il　envoie<br>n.　envoyons<br>v.　envoyez<br>ils　envoient | j'　envoyais<br>tu　envoyais<br>il　envoyait<br>n.　envoyions<br>v.　envoyiez<br>ils　envoyaient | j'　envoyai<br>tu　envoyas<br>il　envoya<br>n.　envoyâmes<br>v.　envoyâtes<br>ils　envoyèrent | j'　enverrai<br>tu　enverras<br>il　enverra<br>n.　enverrons<br>v.　enverrez<br>ils　enverront |
| **11. aller**<br>行く<br><br>allant<br>allé | je　vais<br>tu　vas<br>il　va<br>n.　allons<br>v.　allez<br>ils　vont | j'　allais<br>tu　allais<br>il　allait<br>n.　allions<br>v.　alliez<br>ils　allaient | j'　allai<br>tu　allas<br>il　alla<br>n.　allâmes<br>v.　allâtes<br>ils　allèrent | j'　irai<br>tu　iras<br>il　ira<br>n.　irons<br>v.　irez<br>ils　iront |
| **12. finir**<br>終える<br><br>finissant<br>fini | je　finis<br>tu　finis<br>il　finit<br>n.　finissons<br>v.　finissez<br>ils　finissent | je　finissais<br>tu　finissais<br>il　finissait<br>n.　finissions<br>v.　finissiez<br>ils　finissaient | je　finis<br>tu　finis<br>il　finit<br>n.　finîmes<br>v.　finîtes<br>ils　finirent | je　finirai<br>tu　finiras<br>il　finira<br>n.　finirons<br>v.　finirez<br>ils　finiront |
| **13. sortir**<br>出かける<br><br>sortant<br>sorti | je　sors<br>tu　sors<br>il　sort<br>n.　sortons<br>v.　sortez<br>ils　sortent | je　sortais<br>tu　sortais<br>il　sortait<br>n.　sortions<br>v.　sortiez<br>ils　sortaient | je　sortis<br>tu　sortis<br>il　sortit<br>n.　sortîmes<br>v.　sortîtes<br>ils　sortirent | je　sortirai<br>tu　sortiras<br>il　sortira<br>n.　sortirons<br>v.　sortirez<br>ils　sortiront |
| **14. courir**<br>走る<br><br>courant<br>couru | je　cours<br>tu　cours<br>il　court<br>n.　courons<br>v.　courez<br>ils　courent | je　courais<br>tu　courais<br>il　courait<br>n.　courions<br>v.　couriez<br>ils　couraient | je　courus<br>tu　courus<br>il　courut<br>n.　courûmes<br>v.　courûtes<br>ils　coururent | je　courrai<br>tu　courras<br>il　courra<br>n.　courrons<br>v.　courrez<br>ils　courront |
| **15. fuir**<br>逃げる<br><br>fuyant<br>fui | je　fuis<br>tu　fuis<br>il　fuit<br>n.　fuyons<br>v.　fuyez<br>ils　fuient | je　fuyais<br>tu　fuyais<br>il　fuyait<br>n.　fuyions<br>v.　fuyiez<br>ils　fuyaient | je　fuis<br>tu　fuis<br>il　fuit<br>n.　fuîmes<br>v.　fuîtes<br>ils　fuirent | je　fuirai<br>tu　fuiras<br>il　fuira<br>n.　fuirons<br>v.　fuirez<br>ils　fuiront |
| **16. mourir**<br>死ぬ<br><br>mourant<br>mort | je　meurs<br>tu　meurs<br>il　meurt<br>n.　mourons<br>v.　mourez<br>ils　meurent | je　mourais<br>tu　mourais<br>il　mourait<br>n.　mourions<br>v.　mouriez<br>ils　mouraient | je　mourus<br>tu　mourus<br>il　mourut<br>n.　mourûmes<br>v.　mourûtes<br>ils　moururent | je　mourrai<br>tu　mourras<br>il　mourra<br>n.　mourrons<br>v.　mourrez<br>ils　mourront |

| 条　件　法 | 接　続　法 | | 命　令　法 | 同型活用の動詞 |
| 現　　　在 | 現　　　在 | 半　過　去 | 現　　　在 | （注意） |
|---|---|---|---|---|
| j'　emploierais<br>tu　emploierais<br>il　emploierait<br>n.　emploierions<br>v.　emploieriez<br>ils　emploieraient | j'　emploie<br>tu　emploies<br>il　emploie<br>n.　employions<br>v.　employiez<br>ils　emploient | j'　employasse<br>tu　employasses<br>il　employât<br>n.　employassions<br>v.　employassiez<br>ils　employassent | <br>emploie<br><br><br>employons<br>employez | —oyer, —uyer,<br>—ayer の動詞<br>（e muet の前で y → i.<br>—ayer は 3 型でもよい.<br>また envoyer → 10） |
| j'　enverrais<br>tu　enverrais<br>il　enverrait<br>n.　enverrions<br>v.　enverriez<br>ils　enverraient | j'　envoie<br>tu　envoies<br>il　envoie<br>n.　envoyions<br>v.　envoyiez<br>ils　envoient | j'　envoyasse<br>tu　envoyasses<br>il　envoyât<br>n.　envoyassions<br>v.　envoyassiez<br>ils　envoyassent | <br>envoie<br><br><br>envoyons<br>envoyez | renvoyer<br>（未来，条・現のみ 9 型と<br>ことなる） |
| j'　irais<br>tu　irais<br>il　irait<br>n.　irions<br>v.　iriez<br>ils　iraient | j'　aille<br>tu　ailles<br>il　aille<br>n.　allions<br>v.　alliez<br>ils　aillent | j'　allasse<br>tu　allasses<br>il　allât<br>n.　allassions<br>v.　allassiez<br>ils　allassent | <br>va<br><br><br>allons<br>allez | |
| je　finirais<br>tu　finirais<br>il　finirait<br>n.　finirions<br>v.　finiriez<br>ils　finiraient | je　finisse<br>tu　finisses<br>il　finisse<br>n.　finissions<br>v.　finissiez<br>ils　finissent | je　finisse<br>tu　finisses<br>il　finît<br>n.　finissions<br>v.　finissiez<br>ils　finissent | <br>finis<br><br><br>finissons<br>finissez | 第 2 群規則動詞 |
| je　sortirais<br>tu　sortirais<br>il　sortirait<br>n.　sortirions<br>v.　sortiriez<br>ils　sortiraient | je　sorte<br>tu　sortes<br>il　sorte<br>n.　sortions<br>v.　sortiez<br>ils　sortent | je　sortisse<br>tu　sortisses<br>il　sortît<br>n.　sortissions<br>v.　sortissiez<br>ils　sortissent | <br>sors<br><br><br>sortons<br>sortez | partir, dormir,<br>endormir, se repentir,<br>sentir, servir |
| je　courrais<br>tu　courrais<br>il　courrait<br>n.　courrions<br>v.　courriez<br>ils　courraient | je　coure<br>tu　coures<br>il　coure<br>n.　courions<br>v.　couriez<br>ils　courent | je　courusse<br>tu　courusses<br>il　courût<br>n.　courussions<br>v.　courussiez<br>ils　courussent | <br>cours<br><br><br>courons<br>courez | accourir, parcourir,<br>secourir |
| je　fuirais<br>tu　fuirais<br>il　fuirait<br>n.　fuirions<br>v.　fuiriez<br>ils　fuiraient | je　fuie<br>tu　fuies<br>il　fuie<br>n.　fuyions<br>v.　fuyiez<br>ils　fuient | je　fuisse<br>tu　fuisses<br>il　fuît<br>n.　fuissions<br>v.　fuissiez<br>ils　fuissent | <br>fuis<br><br><br>fuyons<br>fuyez | s'enfuir |
| je　mourrais<br>tu　mourrais<br>il　mourrait<br>n.　mourrions<br>v.　mourriez<br>ils　mourraient | je　meure<br>tu　meures<br>il　meure<br>n.　mourions<br>v.　mouriez<br>ils　meurent | je　mourusse<br>tu　mourusses<br>il　mourût<br>n.　mourussions<br>v.　mourussiez<br>ils　mourussent | <br>meurs<br><br><br>mourons<br>mourez | |

| 不定形 分詞形 | 直　説　法 | | | |
|---|---|---|---|---|
| | 現　在 | 半　過　去 | 単　純　過　去 | 単　純　未　来 |
| **17. venir** 来る<br><br>venant<br>venu | je viens<br>tu viens<br>il vient<br>n. venons<br>v. venez<br>ils viennent | je venais<br>tu venais<br>il venait<br>n. venions<br>v. veniez<br>ils venaient | je vins<br>tu vins<br>il vint<br>n. vînmes<br>v. vîntes<br>ils vinrent | je viendrai<br>tu viendras<br>il viendra<br>n. viendrons<br>v. viendrez<br>ils viendront |
| **18. offrir** 贈る<br><br>offrant<br>offert | j' offre<br>tu offres<br>il offre<br>n. offrons<br>v. offrez<br>ils offrent | j' offrais<br>tu offrais<br>il offrait<br>n. offrions<br>v. offriez<br>ils offraient | j' offris<br>tu offris<br>il offrit<br>n. offrîmes<br>v. offrîtes<br>ils offrirent | j' offrirai<br>tu offriras<br>il offrira<br>n. offrirons<br>v. offrirez<br>ils offriront |
| **19. descendre** 降りる<br><br>descendant<br>descendu | je descends<br>tu descends<br>il descend<br>n. descendons<br>v. descendez<br>ils descendent | je descendais<br>tu descendais<br>il descendait<br>n. descendions<br>v. descendiez<br>ils descendaient | je descendis<br>tu descendis<br>il descendit<br>n. descendîmes<br>v. descendîtes<br>ils descendirent | je descendrai<br>tu descendras<br>il descendra<br>n. descendrons<br>v. descendrez<br>ils descendront |
| **20. mettre** 置く<br><br>mettant<br>mis | je mets<br>tu mets<br>il met<br>n. mettons<br>v. mettez<br>ils mettent | je mettais<br>tu mettais<br>il mettait<br>n. mettions<br>v. mettiez<br>ils mettaient | je mis<br>tu mis<br>il mit<br>n. mîmes<br>v. mîtes<br>ils mirent | je mettrai<br>tu mettras<br>il mettra<br>n. mettrons<br>v. mettrez<br>ils mettront |
| **21. battre** 打つ<br><br>battant<br>battu | je bats<br>tu bats<br>il bat<br>n. battons<br>v. battez<br>ils battent | je battais<br>tu battais<br>il battait<br>n. battions<br>v. battiez<br>ils battaient | je battis<br>tu battis<br>il battit<br>n. battîmes<br>v. battîtes<br>ils battirent | je battrai<br>tu battras<br>il battra<br>n. battrons<br>v. battrez<br>ils battront |
| **22. suivre** ついて行く<br><br>suivant<br>suivi | je suis<br>tu suis<br>il suit<br>n. suivons<br>v. suivez<br>ils suivent | je suivais<br>tu suivais<br>il suivait<br>n. suivions<br>v. suiviez<br>ils suivaient | je suivis<br>tu suivis<br>il suivit<br>n. suivîmes<br>v. suivîtes<br>ils suivirent | je suivrai<br>tu suivras<br>il suivra<br>n. suivrons<br>v. suivrez<br>ils suivront |
| **23. vivre** 生きる<br><br>vivant<br>vécu | je vis<br>tu vis<br>il vit<br>n. vivons<br>v. vivez<br>ils vivent | je vivais<br>tu vivais<br>il vivait<br>n. vivions<br>v. viviez<br>ils vivaient | je vécus<br>tu vécus<br>il vécut<br>n. vécûmes<br>v. vécûtes<br>ils vécurent | je vivrai<br>tu vivras<br>il vivra<br>n. vivrons<br>v. vivrez<br>ils vivront |
| **24. écrire** 書く<br><br>écrivant<br>écrit | j' écris<br>tu écris<br>il écrit<br>n. écrivons<br>v. écrivez<br>ils écrivent | j' écrivais<br>tu écrivais<br>il écrivait<br>n. écrivions<br>v. écriviez<br>ils écrivaient | j' écrivis<br>tu écrivis<br>il écrivit<br>n. écrivîmes<br>v. écrivîtes<br>ils écrivirent | j' écrirai<br>tu écriras<br>il écrira<br>n. écrirons<br>v. écrirez<br>ils écriront |

| 条 件 法 | 接 続 法 | | 命 令 法 | 同型活用の動詞 |
|---|---|---|---|---|
| 現　在 | 現　在 | 半　過　去 | 現　在 | （注意） |
| je viendrais<br>tu viendrais<br>il viendrait<br>n. viendrions<br>v. viendriez<br>ils viendraient | je vienne<br>tu viennes<br>il vienne<br>n. venions<br>v. veniez<br>ils viennent | je vinsse<br>tu vinsses<br>il vînt<br>n. vinssions<br>v. vinssiez<br>ils vinssent | viens<br><br>venons<br>venez | convenir, devenir,<br>provenir, revenir,<br>se souvenir ;<br>tenir, appartenir,<br>maintenir, obtenir,<br>retenir, soutenir |
| j' offrirais<br>tu offrirais<br>il offrirait<br>n. offririons<br>v. offririez<br>ils offriraient | j' offre<br>tu offres<br>il offre<br>n. offrions<br>v. offriez<br>ils offrent | j' offrisse<br>tu offrisses<br>il offrît<br>n. offrissions<br>v. offrissiez<br>ils offrissent | offre<br><br>offrons<br>offrez | couvrir, découvrir,<br>ouvrir, souffrir |
| je descendrais<br>tu descendrais<br>il descendrait<br>n. descendrions<br>v. descendriez<br>ils descendraient | je descende<br>tu descendes<br>il descende<br>n. descendions<br>v. descendiez<br>ils descendent | je descendisse<br>tu descendisses<br>il descendît<br>n. descendissions<br>v. descendissiez<br>ils descendissent | descends<br><br>descendons<br>descendez | attendre, défendre,<br>rendre, entendre,<br>perdre, prétendre,<br>répondre, tendre,<br>vendre |
| je mettrais<br>tu mettrais<br>il mettrait<br>n. mettrions<br>v. mettriez<br>ils mettraient | je mette<br>tu mettes<br>il mette<br>n. mettions<br>v. mettiez<br>ils mettent | je misse<br>tu misses<br>il mît<br>n. missions<br>v. missiez<br>ils missent | mets<br><br>mettons<br>mettez | admettre, commettre,<br>permettre, promettre,<br>remettre, soumettre |
| je battrais<br>tu battrais<br>il battrait<br>n. battrions<br>v. battriez<br>ils battraient | je batte<br>tu battes<br>il batte<br>n. battions<br>v. battiez<br>ils battent | je battisse<br>tu battisses<br>il battît<br>n. battissions<br>v. battissiez<br>ils battissent | bats<br><br>battons<br>battez | abattre, combattre |
| je suivrais<br>tu suivrais<br>il suivrait<br>n. suivrions<br>v. suivriez<br>ils suivraient | je suive<br>tu suives<br>il suive<br>n. suivions<br>v. suiviez<br>ils suivent | je suivisse<br>tu suivisses<br>il suivît<br>n. suivissions<br>v. suivissiez<br>ils suivissent | suis<br><br>suivons<br>suivez | poursuivre |
| je vivrais<br>tu vivrais<br>il vivrait<br>n. vivrions<br>v. vivriez<br>ils vivraient | je vive<br>tu vives<br>il vive<br>n. vivions<br>v. viviez<br>ils vivent | je vécusse<br>tu vécusses<br>il vécût<br>n. vécussions<br>v. vécussiez<br>ils vécussent | vis<br><br>vivons<br>vivez | |
| j' écrirais<br>tu écrirais<br>il écrirait<br>n. écririons<br>v. écririez<br>ils écriraient | j' écrive<br>tu écrives<br>il écrive<br>n. écrivions<br>v. écriviez<br>ils écrivent | j' écrivisse<br>tu écrivisses<br>il écrivît<br>n. écrivissions<br>v. écrivissiez<br>ils écrivissent | écris<br><br>écrivons<br>écrivez | décrire, inscrire |

| 不定形 分詞形 | 直　説　法 | | | |
|---|---|---|---|---|
| | 現　　在 | 半　過　去 | 単　純　過　去 | 単　純　未　来 |
| **25. connaître** 知っている<br><br>connaissant<br>connu | je connais<br>tu connais<br>il connaît<br>n. connaissons<br>v. connaissez<br>ils connaissent | je connaissais<br>tu connaissais<br>il connaissait<br>n. connaissions<br>v. connaissiez<br>ils connaissaient | je connus<br>tu connus<br>il connut<br>n. connûmes<br>v. connûtes<br>ils connurent | je connaîtrai<br>tu connaîtras<br>il connaîtra<br>n. connaîtrons<br>v. connaîtrez<br>ils connaîtront |
| **26. naître** 生まれる<br><br>naissant<br>né | je nais<br>tu nais<br>il naît<br>n. naissons<br>v. naissez<br>ils naissent | je naissais<br>tu naissais<br>il naissait<br>n. naissions<br>v. naissiez<br>ils naissaient | je naquis<br>tu naquis<br>il naquit<br>n. naquîmes<br>v. naquîtes<br>ils naquirent | je naîtrai<br>tu naîtras<br>il naîtra<br>n. naîtrons<br>v. naîtrez<br>ils naîtront |
| **27. conduire** みちびく<br><br>conduisant<br>conduit | je conduis<br>tu conduis<br>il conduit<br>n. conduisons<br>v. conduisez<br>ils conduisent | je conduisais<br>tu conduisais<br>il conduisait<br>n. conduisions<br>v. conduisiez<br>ils conduisaient | je conduisis<br>tu conduisis<br>il conduisit<br>n. conduisîmes<br>v. conduisîtes<br>ils conduisirent | je conduirai<br>tu conduiras<br>il conduira<br>n. conduirons<br>v. conduirez<br>ils conduiront |
| **28. suffire** 足りる<br><br>suffisant<br>suffi | je suffis<br>tu suffis<br>il suffit<br>n. suffisons<br>v. suffisez<br>ils suffisent | je suffisais<br>tu suffisais<br>il suffisait<br>n. suffisions<br>v. suffisiez<br>ils suffisaient | je suffis<br>tu suffis<br>il suffit<br>n. suffîmes<br>v. suffîtes<br>ils suffirent | je suffirai<br>tu suffiras<br>il suffira<br>n. suffirons<br>v. suffirez<br>ils suffiront |
| **29. lire** 読む<br><br>lisant<br>lu | je lis<br>tu lis<br>il lit<br>n. lisons<br>v. lisez<br>ils lisent | je lisais<br>tu lisais<br>il lisait<br>n. lisions<br>v. lisiez<br>ils lisaient | je lus<br>tu lus<br>il lut<br>n. lûmes<br>v. lûtes<br>ils lurent | je lirai<br>tu liras<br>il lira<br>n. lirons<br>v. lirez<br>ils liront |
| **30. plaire** 気に入る<br><br>plaisant<br>plu | je plais<br>tu plais<br>il plaît<br>n. plaisons<br>v. plaisez<br>ils plaisent | je plaisais<br>tu plaisais<br>il plaisait<br>n. plaisions<br>v. plaisiez<br>ils plaisaient | je plus<br>tu plus<br>il plut<br>n. plûmes<br>v. plûtes<br>ils plurent | je plairai<br>tu plairas<br>il plaira<br>n. plairons<br>v. plairez<br>ils plairont |
| **31. dire** 言う<br><br>disant<br>dit | je dis<br>tu dis<br>il dit<br>n. disons<br>v. dites<br>ils disent | je disais<br>tu disais<br>il disait<br>n. disions<br>v. disiez<br>ils disaient | je dis<br>tu dis<br>il dit<br>n. dîmes<br>v. dîtes<br>ils dirent | je dirai<br>tu diras<br>il dira<br>n. dirons<br>v. direz<br>ils diront |
| **32. faire** する<br><br>faisant [fəzɑ̃]<br>fait | je fais<br>tu fais<br>il fait<br>n. faisons [fəzɔ̃]<br>v. faites<br>ils font | je faisais [fəzɛ]<br>tu faisais<br>il faisait<br>n. faisions<br>v. faisiez<br>ils faisaient | je fis<br>tu fis<br>il fit<br>n. fîmes<br>v. fîtes<br>ils firent | je ferai<br>tu feras<br>il fera<br>n. ferons<br>v. ferez<br>ils feront |

| 条 件 法 | 接 続 法 | | 命 令 法 | 同型活用の動詞 |
|---|---|---|---|---|
| 現　　在 | 現　　在 | 半　過　去 | 現　　在 | （注意） |
| je connaîtrais<br>tu connaîtrais<br>il connaîtrait<br>n. connaîtrions<br>v. connaîtriez<br>ils connaîtraient | je connaisse<br>tu connaisses<br>il connaisse<br>n. connaissions<br>v. connaissiez<br>ils connaissent | je connusse<br>tu connusses<br>il connût<br>n. connussions<br>v. connussiez<br>ils connussent | connais<br><br>connaissons<br>connaissez | reconnaître ;<br>paraître, apparaître,<br>disparaître<br>（t の前で i → î） |
| je naîtrais<br>tu naîtrais<br>il naîtrait<br>n. naîtrions<br>v. naîtriez<br>ils naîtraient | je naisse<br>tu naisses<br>il naisse<br>n. naissions<br>v. naissiez<br>ils naissent | je naquisse<br>tu naquisses<br>il naquît<br>n. naquissions<br>v. naquissiez<br>ils naquissent | nais<br><br>naissons<br>naissez | renaître<br>（t の前で i → î） |
| je conduirais<br>tu conduirais<br>il conduirait<br>n. conduirions<br>v. conduiriez<br>ils conduiraient | je conduise<br>tu conduises<br>il conduise<br>n. conduisions<br>v. conduisiez<br>ils conduisent | je conduisisse<br>tu conduisisses<br>il conduisît<br>n. conduisissions<br>v. conduisissiez<br>ils conduisissent | conduis<br><br>conduisons<br>conduisez | introduire, produire,<br>traduire ;<br>construire, détruire |
| je suffirais<br>tu suffirais<br>il suffirait<br>n. suffirions<br>v. suffiriez<br>ils suffiraient | je suffise<br>tu suffises<br>il suffise<br>n. suffisions<br>v. suffisiez<br>ils suffisent | je suffisse<br>tu suffisses<br>il suffît<br>n. suffissions<br>v. suffissiez<br>ils suffissent | suffis<br><br>suffisons<br>suffisez | |
| je lirais<br>tu lirais<br>il lirait<br>n. lirions<br>v. liriez<br>ils liraient | je lise<br>tu lises<br>il lise<br>n. lisions<br>v. lisiez<br>ils lisent | je lusse<br>tu lusses<br>il lût<br>n. lussions<br>v. lussiez<br>ils lussent | lis<br><br>lisons<br>lisez | élire, relire |
| je plairais<br>tu plairais<br>il plairait<br>n. plairions<br>v. plairiez<br>ils plairaient | je plaise<br>tu plaises<br>il plaise<br>n. plaisions<br>v. plaisiez<br>ils plaisent | je plusse<br>tu plusses<br>il plût<br>n. plussions<br>v. plussiez<br>ils plussent | plais<br><br>plaisons<br>plaisez | déplaire, taire<br>（ただし taire の直・現・<br>3 人称単数 il tait） |
| je dirais<br>tu dirais<br>il dirait<br>n. dirions<br>v. diriez<br>ils diraient | je dise<br>tu dises<br>il dise<br>n. disions<br>v. disiez<br>ils disent | je disse<br>tu disses<br>il dît<br>n. dissions<br>v. dissiez<br>ils dissent | dis<br><br>disons<br>dites | redire |
| je ferais<br>tu ferais<br>il ferait<br>n. ferions<br>v. feriez<br>ils feraient | je fasse<br>tu fasses<br>il fasse<br>n. fassions<br>v. fassiez<br>ils fassent | je fisse<br>tu fisses<br>il fît<br>n. fissions<br>v. fissiez<br>ils fissent | fais<br><br>faisons<br>faites | défaire, refaire,<br>satisfaire |

| 不定形<br>分詞形 | 直　説　法 | | | |
|---|---|---|---|---|
| | 現　　在 | 半　過　去 | 単　純　過　去 | 単　純　未　来 |
| **33. rire**<br>笑う<br><br>riant<br>ri | je ris<br>tu ris<br>il rit<br>n. rions<br>v. riez<br>ils rient | je riais<br>tu riais<br>il riait<br>n. riions<br>v. riiez<br>ils riaient | je ris<br>tu ris<br>il rit<br>n. rîmes<br>v. rîtes<br>ils rirent | je rirai<br>tu riras<br>il rira<br>n. rirons<br>v. rirez<br>ils riront |
| **34. croire**<br>信じる<br><br>croyant<br>cru | je crois<br>tu crois<br>il croit<br>n. croyons<br>v. croyez<br>ils croient | je croyais<br>tu croyais<br>il croyait<br>n. croyions<br>v. croyiez<br>ils croyaient | je crus<br>tu crus<br>il crut<br>n. crûmes<br>v. crûtes<br>ils crurent | je croirai<br>tu croiras<br>il croira<br>n. croirons<br>v. croirez<br>ils croiront |
| **35. craindre**<br>おそれる<br><br>craignant<br>craint | je crains<br>tu crains<br>il craint<br>n. craignons<br>v. craignez<br>ils craignent | je craignais<br>tu craignais<br>il craignait<br>n. craignions<br>v. craigniez<br>ils craignaient | je craignis<br>tu craignis<br>il craignit<br>n. craignîmes<br>v. craignîtes<br>ils craignirent | je craindrai<br>tu craindras<br>il craindra<br>n. craindrons<br>v. craindrez<br>ils craindront |
| **36. prendre**<br>とる<br><br>prenant<br>pris | je prends<br>tu prends<br>il prend<br>n. prenons<br>v. prenez<br>ils prennent | je prenais<br>tu prenais<br>il prenait<br>n. prenions<br>v. preniez<br>ils prenaient | je pris<br>tu pris<br>il prit<br>n. prîmes<br>v. prîtes<br>ils prirent | je prendrai<br>tu prendras<br>il prendra<br>n. prendrons<br>v. prendrez<br>ils prendront |
| **37. boire**<br>飲む<br><br>buvant<br>bu | je bois<br>tu bois<br>il boit<br>n. buvons<br>v. buvez<br>ils boivent | je buvais<br>tu buvais<br>il buvait<br>n. buvions<br>v. buviez<br>ils buvaient | je bus<br>tu bus<br>il but<br>n. bûmes<br>v. bûtes<br>ils burent | je boirai<br>tu boiras<br>il boira<br>n. boirons<br>v. boirez<br>ils boiront |
| **38. voir**<br>見る<br><br>voyant<br>vu | je vois<br>tu vois<br>il voit<br>n. voyons<br>v. voyez<br>ils voient | je voyais<br>tu voyais<br>il voyait<br>n. voyions<br>v. voyiez<br>ils voyaient | je vis<br>tu vis<br>il vit<br>n. vîmes<br>v. vîtes<br>ils virent | je verrai<br>tu verras<br>il verra<br>n. verrons<br>v. verrez<br>ils verront |
| **39. asseoir**<br>座らせる<br><br>asseyant<br>assoyant<br><br>assis | j' assieds<br>tu assieds<br>il assied<br>n. asseyons<br>v. asseyez<br>ils asseyent<br><br>j' assois<br>tu assois<br>il assoit<br>n. assoyons<br>v. assoyez<br>ils assoient | j' asseyais<br>tu asseyais<br>il asseyait<br>n. asseyions<br>v. asseyiez<br>ils asseyaient<br><br>j' assoyais<br>tu assoyais<br>il assoyait<br>n. assoyions<br>v. assoyiez<br>ils assoyaient | j' assis<br>tu assis<br>il assit<br>n. assîmes<br>v. assîtes<br>ils assirent | j' assiérai<br>tu assiéras<br>il assiéra<br>n. assiérons<br>v. assiérez<br>ils assiéront<br><br>j' assoirai<br>tu assoiras<br>il assoira<br>n. assoirons<br>v. assoirez<br>ils assoiront |

| 条　件　法 | | 接　続　法 | | | 命　令　法 | 同型活用の動詞 |
|---|---|---|---|---|---|---|
| 現　在 | | 現　在 | | 半　過　去 | 現　在 | （注意） |
| je | rirais | je | rie | je | risse | | sourire |
| tu | rirais | tu | ries | tu | risses | ris | |
| il | rirait | il | rie | il | rît | | |
| n. | ririons | n. | riions | n. | rissions | rions | |
| v. | ririez | v. | riiez | v. | rissiez | riez | |
| ils | riraient | ils | rient | ils | rissent | | |
| je | croirais | je | croie | je | crusse | | |
| tu | croirais | tu | croies | tu | crusses | crois | |
| il | croirait | il | croie | il | crût | | |
| n. | croirions | n. | croyions | n. | crussions | croyons | |
| v. | croiriez | v. | croyiez | v. | crussiez | croyez | |
| ils | croiraient | ils | croient | ils | crussent | | |
| je | craindrais | je | craigne | je | craignisse | | plaindre ; |
| tu | craindrais | tu | craignes | tu | craignisses | crains | atteindre, éteindre, |
| il | craindrait | il | craigne | il | craignît | | peindre; |
| n. | craindrions | n. | craignions | n. | craignissions | craignons | joindre, rejoindre |
| v. | craindriez | v. | craigniez | v. | craignissiez | craignez | |
| ils | craindraient | ils | craignent | ils | craignissent | | |
| je | prendrais | je | prenne | je | prisse | | apprendre, |
| tu | prendrais | tu | prennes | tu | prisses | prends | comprendre, |
| il | prendrait | il | prenne | il | prît | | surprendre |
| n. | prendrions | n. | prenions | n. | prissions | prenons | |
| v. | prendriez | v. | preniez | v. | prissiez | prenez | |
| ils | prendraient | ils | prennent | ils | prissent | | |
| je | boirais | je | boive | je | busse | | |
| tu | boirais | tu | boives | tu | busses | bois | |
| il | boirait | il | boive | il | bût | | |
| n. | boirions | n. | buvions | n. | bussions | buvons | |
| v. | boiriez | v. | buviez | v. | bussiez | buvez | |
| ils | boiraient | ils | boivent | ils | bussent | | |
| je | verrais | je | voie | je | visse | | revoir |
| tu | verrais | tu | voies | tu | visses | vois | |
| il | verrait | il | voie | il | vît | | |
| n. | verrions | n. | voyions | n. | vissions | voyons | |
| v. | verriez | v. | voyiez | v. | vissiez | voyez | |
| ils | verraient | ils | voient | ils | vissent | | |
| j' | assiérais | j' | asseye | | | | （代名動詞 s'asseoir と |
| tu | assiérais | tu | asseyes | | | assieds | して用いられることが |
| il | assiérait | il | asseye | | | | 多い．下段は俗語調） |
| n. | assiérions | n. | asseyions | j' | assisse | | |
| v. | assiériez | v. | asseyiez | tu | assisses | asseyons | |
| ils | assiéraient | ils | asseyent | il | assît | asseyez | |
| | | | | n. | assissions | | |
| j' | assoirais | j' | assoie | v. | assissiez | | |
| tu | assoirais | tu | assoies | ils | assissent | assois | |
| il | assoirait | il | assoie | | | | |
| n. | assoirions | n. | assoyions | | | assoyons | |
| v. | assoiriez | v. | assoyiez | | | assoyez | |
| ils | assoiraient | ils | assoient | | | | |

| 不 定 形 / 分 詞 形 | 直　　説　　法 | | | |
|---|---|---|---|---|
| | 現　　在 | 半　過　去 | 単　純　過　去 | 単　純　未　来 |
| **40. recevoir**<br>受取る<br><br>recevant<br>reçu | je reçois<br>tu reçois<br>il reçoit<br>n. recevons<br>v. recevez<br>ils reçoivent | je recevais<br>tu recevais<br>il recevait<br>n. recevions<br>v. receviez<br>ils recevaient | je reçus<br>tu reçus<br>il reçut<br>n. reçûmes<br>v. reçûtes<br>ils reçurent | je recevrai<br>tu recevras<br>il recevra<br>n. recevrons<br>v. recevrez<br>ils recevront |
| **41. devoir**<br>ねばならぬ<br>devant<br>dû, due<br>dus, dues | je dois<br>tu dois<br>il doit<br>n. devons<br>v. devez<br>ils doivent | je devais<br>tu devais<br>il devait<br>n. devions<br>v. deviez<br>ils devaient | je dus<br>tu dus<br>il dut<br>n. dûmes<br>v. dûtes<br>ils durent | je devrai<br>tu devras<br>il devra<br>n. devrons<br>v. devrez<br>ils devront |
| **42. pouvoir**<br>できる<br>pouvant<br>pu | je peux (puis)<br>tu peux<br>il peut<br>n. pouvons<br>v. pouvez<br>ils peuvent | je pouvais<br>tu pouvais<br>il pouvait<br>n. pouvions<br>v. pouviez<br>ils pouvaient | je pus<br>tu pus<br>il put<br>n. pûmes<br>v. pûtes<br>ils purent | je pourrai<br>tu pourras<br>il pourra<br>n. pourrons<br>v. pourrez<br>ils pourront |
| **43. vouloir**<br>のぞむ<br>voulant<br>voulu | je veux<br>tu veux<br>il veut<br>n. voulons<br>v. voulez<br>ils veulent | je voulais<br>tu voulais<br>il voulait<br>n. voulions<br>v. vouliez<br>ils voulaient | je voulus<br>tu voulus<br>il voulut<br>n. voulûmes<br>v. voulûtes<br>ils voulurent | je voudrai<br>tu voudras<br>il voudra<br>n. voudrons<br>v. voudrez<br>ils voudront |
| **44. savoir**<br>知っている<br>sachant<br>su | je sais<br>tu sais<br>il sait<br>n. savons<br>v. savez<br>ils savent | je savais<br>tu savais<br>il savait<br>n. savions<br>v. saviez<br>ils savaient | je sus<br>tu sus<br>il sut<br>n. sûmes<br>v. sûtes<br>ils surent | je saurai<br>tu sauras<br>il saura<br>n. saurons<br>v. saurez<br>ils sauront |
| **45. valoir**<br>価値がある<br>valant<br>valu | je vaux<br>tu vaux<br>il vaut<br>n. valons<br>v. valez<br>ils valent | je valais<br>tu valais<br>il valait<br>n. valions<br>v. valiez<br>ils valaient | je valus<br>tu valus<br>il valut<br>n. valûmes<br>v. valûtes<br>ils valurent | je vaudrai<br>tu vaudras<br>il vaudra<br>n. vaudrons<br>v. vaudrez<br>ils vaudront |
| **46. falloir**<br>必要である<br>—<br>fallu | il faut | il fallait | il fallut | il faudra |
| **47. pleuvoir**<br>雨が降る<br>pleuvant<br>plu | il pleut | il pleuvait | il plut | il pleuvra |

| 条 件 法 | 接 続 法 | | 命 令 法 | 同型活用の動詞 |
| :---: | :---: | :---: | :---: | :--- |
| 現　在 | 現　在 | 半　過　去 | 現　在 | （注意） |
| je recevrais<br>tu recevrais<br>il recevrait<br>n. recevrions<br>v. recevriez<br>ils recevraient | je reçoive<br>tu reçoives<br>il reçoive<br>n. recevions<br>v. receviez<br>ils reçoivent | je reçusse<br>tu reçusses<br>il reçût<br>n. reçussions<br>v. reçussiez<br>ils reçussent | reçois<br><br>recevons<br>recevez | apercevoir, concevoir |
| je devrais<br>tu devrais<br>il devrait<br>n. devrions<br>v. devriez<br>ils devraient | je doive<br>tu doives<br>il doive<br>n. devions<br>v. deviez<br>ils doivent | je dusse<br>tu dusses<br>il dût<br>n. dussions<br>v. dussiez<br>ils dussent | | （過去分詞は du＝de＋<br>le と区別するために男<br>性単数のみ dû と綴る） |
| je pourrais<br>tu pourrais<br>il pourrait<br>n. pourrions<br>v. pourriez<br>ils pourraient | je puisse<br>tu puisses<br>il puisse<br>n. puissions<br>v. puissiez<br>ils puissent | je pusse<br>tu pusses<br>il pût<br>n. pussions<br>v. pussiez<br>ils pussent | | |
| je voudrais<br>tu voudrais<br>il voudrait<br>n. voudrions<br>v. voudriez<br>ils voudraient | je veuille<br>tu veuilles<br>il veuille<br>n. voulions<br>v. vouliez<br>ils veuillent | je voulusse<br>tu voulusses<br>il voulût<br>n. voulussions<br>v. voulussiez<br>ils voulussent | veuille<br><br>veuillons<br>veuillez | |
| je saurais<br>tu saurais<br>il saurait<br>n. saurions<br>v. sauriez<br>ils sauraient | je sache<br>tu saches<br>il sache<br>n. sachions<br>v. sachiez<br>ils sachent | je susse<br>tu susses<br>il sût<br>n. sussions<br>v. sussiez<br>ils sussent | sache<br><br>sachons<br>sachez | |
| je vaudrais<br>tu vaudrais<br>il vaudrait<br>n. vaudrions<br>v. vaudriez<br>ils vaudraient | je vaille<br>tu vailles<br>il vaille<br>n. valions<br>v. valiez<br>ils vaillent | je valusse<br>tu valusses<br>il valût<br>n. valussions<br>v. valussiez<br>ils valussent | | |
| il faudrait | il faille | il fallût | | |
| il pleuvrait | il pleuve | il plût | | |

# 新旧つづり字対応表

| 旧つづり字 | 品詞 | 新つづり字 |
|---|---|---|
| août | 名男 | aout |
| boîte | 名女 | boite |
| bûche de Noël | 名女 | buche de Noël |
| casse-croûte | 名男 | casse-croute |
| (se) connaître | 動 | (se) connaitre |
| coûter | 動 | couter |
| dîner | 動 | diner |
| disparaître | 動 | disparaitre |
| (s'/nous) entraîner | 動 | (s'/nous) entrainer |
| fraîche(s) | 形 | fraiche(s) |
| mi-août | 名男 | mi-aout |
| naître | 動 | naitre |
| pique-nique | 名男 | piquenique |
| (elle me/vous) plaît | 動 | (elle me/vous) plait |
| porte-clé | 名男 | porteclé |
| (je) préférerai | 動 | (je) préfèrerai |
| (je) préférerais | 動 | (je) préfèrerais |
| s'il vous plaît | － | s'il vous plait |
| week-end | 名男 | weekend |

─── ル・シエル 2 URL ───
（音声・その他）

https://text.asahipress.com/free/french/leciel2/index.html

**ル・シエル 2**
―文法・語彙からコミュニケーションへ―

| 検印<br>省略 | Ⓒ 2022 年 1 月 30 日　初 版 発 行 |

著　者　　　平　嶋　里　珂

発行者　　　原　　　雅　　久
発行所　　　株 式 会 社　朝 日 出 版 社

　　　101-0065　東京都千代田区西神田 3-3-5
　　　　　　　電話直通　(03)3239-0271/72
　　　　　　　振替口座　00140-2-46008
　　　　　　　http://www.asahipress.com/

組　版　　　有限会社ファースト
印　刷　　　図書印刷株式会社

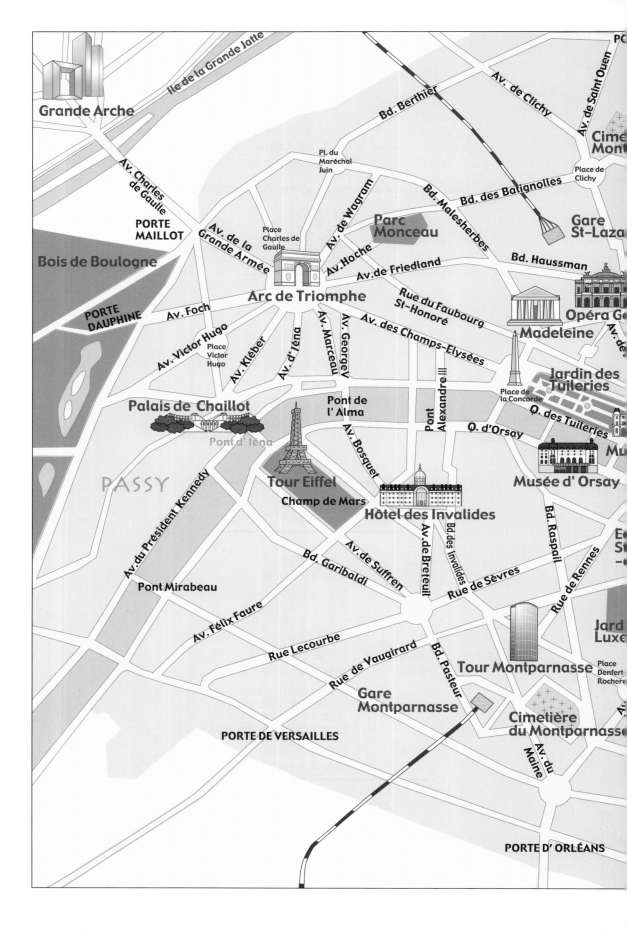